讓光照亮你的心

BY

ANDREA RAYNOR

安卓雅・雷諾——著　王瑞徽 譯

A Light on the Corner

Discovering the Sacred in the Everyday

獻給我的雙親

理查及黎莉安·盧璜安

他們教導我如何將生命視為

一場心靈的探險

張開你的雙眼，你將發現上帝無所不在。

——雅各．波墨（Jakob Böhme）

目次

獎賞

站在廚房洗碗槽前，我望著窗外那片熟悉的土地，我的後院。鳥兒鳴叫，樹葉在風中輕輕顫動，一隻松鼠倒掛在枝椏間。這只是平淡生活中的一刻，只是縱橫我們一生、滾滾向前的時間長河中的一小部分。它不值得關注，不刺激有趣——然而本質上卻是神祕的。因為，就在此時此刻，在車流聲和我家狗兒的呼嚕打鼾聲中，在水槽裡的碗盤、桌上的帳單裡頭，存在著體驗神祕、窺見神的可能性。

我窩進我在餐桌旁的老位子，再度思考起這問題。我真的相信，人和至聖者之間可以發生真正的邂逅？心情好的時候，我當然相信。但就算是重視性靈生活的人、具有宗教信仰的人——就像我——也不時會有疑惑的時候。人世間的各種悲慘景象充斥在我腦海裡：飢餓的兒童、飽受戰爭摧殘的國家、瀕臨破碎的家庭、天災不斷。乍看之下，似乎該對神的存在持**反對**意見，而不是為其辯護。也許我們想和某種比我們高超的力量產生連結的渴望，只是一種試圖把孤寂和死亡阻擋在外的薄弱防禦。相信生命不像表面上那麼單純，可以讓我們在規畫人生的時候有個立足點，給予我們希望，鼓舞我們持續不懈尋求各種意義。有些人會說，我們為生命中發生的太多事件注入了奇幻念頭，其實根本不存在上帝、聖靈或真正的神祕經驗這些東西。我對這類爭論太熟悉了。我也知道，相信上帝會讓我顯得不理性，甚至反智，然而我內心深處迴盪著一聲不容違抗、頑強無比的**有**！對生命說有，對神祕說有，對超然存在的可能性說有。

相信是一回事，如何在日常生活中真正體驗聖靈，卻是一種挑戰。我真希望有萬無一失的方法，和神邂逅的**簡易五步驟**。可是話說回來，也許我並不希望。是「探索」讓我們的心靈保持貧乏飢渴，是「無知」激勵我們不斷前進。我每天持續不斷與之纏鬥的那些問題，可說是我精神上的仰臥起坐。上帝是一種靈氣，或者具有形體？上帝是不可知的，或者是我們當中的一個，就像歌手瓊・奧斯朋（Joan Osborne）思索過的？如果上帝**確是**我們當中的一個，我們會不會失望？也許結果就像四處尋覓一位君王，最後卻找到一個馬槽裡的嬰兒。

即使對我們這種慣於沉思問題的人來說，試圖分辨出一條正直的心靈之路，都是相當困惑、挫折的一件事。儘管我們渴望和超越我們的力量產生連結，許多人卻不知道該如何著手，而就算做到了，我們又如何確信自己的經驗是真實的？**給我一點徵兆吧**，在猶豫不決或靜心冥想的時刻，我們會如此要求宇宙。而就在我們似乎是自說自話的時候，電話響了，傳來一位友人的熟悉嗓音，一隻鷹以牠展翼翱翔的美麗姿態令我們震懾，或者我們見到一顆流星有如點亮的火柴劃過夜空。我們會懷疑，**是巧合，或是神的信息？是小插曲，還是禱告得到了回應**？我們該如何分辨何者是真實的心靈體驗、何者不是，而何者是幻覺、何者屬於神祕領域？

有時候，試圖和神接觸，感覺就像企圖用手抓住水銀。即便我們看見了，卻不知該拿它怎麼辦——這讓我們心生恐懼。記得小時候，我曾經看見一顆水銀珠從一支破掉的體溫計裡溜出來。它活蹦亂跳地滾過浴室地板，難以捉摸又危險，誘惑又迷人。「別碰！」我母親警告，嚴厲的警戒語氣讓我立刻站定，不敢動一下。最後水銀珠停在浴缸邊的牆角，宛如一個超迷你的外星人，挑釁地靠著粉紅地磚，狂野又危險地跳動著。**只有母親知道該怎麼對付水銀**，當時我這樣想。想想還真奇怪，剛才它還在我嘴裡，和我的舌頭只隔著層薄薄的玻璃。裝在容器裡，我們習以為常。可是一旦暴露出來，它就成了一顆小原子彈。

也許我們就是需要那層神祕難測的薄紗，把我們和神隔絕開來。也許，一旦揭露，那將是我們難以承受的——那美，那光，一切存有的真相。就如久遠以前聖經《詩篇》作者寫下的，「這樣的知識奇妙，是我不能測的；至高，是我不能及的。」[1]身為人這種生物，我們還沒準備好看見聖靈的全貌；我們無法伸出雙手迎接那毫無遮掩的神。神聖是最初的元素，和這個被創造出來的世界密不可分，充滿在一切存有、一切已知和一切神祕的未知之中。這個超凡的事實滲入了天地萬物。它被編入了我們的DNA。它是活生生的能量，和重力一樣，我們無法憑著視覺、觸覺或味覺去發現，它就是存在。當我們接受了這個事實，接受了我們的有限能力不足以察覺那超乎人類感官的存在，我們才能開始留意生活中伸手可及的、神的細微蹤跡。

我們可以掌握水銀，但只有當它裝在玻璃裡的時候；我們可以觸及神，但只有在祂深植於這個現實世界中的時候。縱使在遙遠的距離外，當我們直視太陽，仍然會被它的光亮灼傷眼睛——但我們可以在草莓中品嘗它，也可以在樹葉的翠綠中看見它。因此，同樣地，我們無法承受與那創

1 出自新國際版聖經《詩篇》第一三九篇第六節（譯注：本書聖經內文之中譯擷自現代標點和合本）。

造太陽的主直接接觸，但我們可以透過親人的擁抱，感受造物者的溫暖。十三世紀神祕主義者、神學家埃克哈特（Meister Eckhart, 1260-1328）說過「**倘若你凝視太陽久一點，當下你便能短暫看見太陽的形象**」之類的話。同樣地，倘若我們凝視上帝久一點，便能在任何地方、一切事物中，看見上帝的形象。

上帝的存在是一種有形的、可企及的現實，我們的日常生活充滿了可以體驗神祕經歷的機會，也許聽來很像是一廂情願的想法。或許這是因為很多人都期待能遇上戲劇性的事——中樂透彩，親人病癒——然後才肯放棄自己的懷疑論。**這樣的話我就相信**，我們這麼告訴自己。而我們的日子大致過得相當平順，直到某件大事發生，冷不防將我們丟進生存的摔角競技場。當我們砰地落地，可能一時間不知該往哪裡或者向誰去尋求可以賴以存活的答案。如果我們相信那些宗教極端分子——任何信仰——那麼通往上帝的道路可說非常狹窄。而如果電視福音布道家是對的，那麼我們大多數人都該下地獄。

這想法和多年前我聽一位天主教神父對一群在安寧病房工作的人所說的一席話恰成鮮明對比。他在監獄系統中當過牧師，為一些犯下重大罪行——謀殺、強姦、持械搶劫——的牢友禱告。當被問到關於永生、是否每個人都會上天堂的看法時，他頓了一下，接著吐出一聲微弱的嘆息。我熱切地看著他，因為我自己也曾有過一、兩次經驗，被一些認為我的神學理論太過寬大熱情的同事和病患問到這難堪的問題。我注意到他的眼神十分溫暖仁慈，但裡頭還含有別的東西：勇氣、正直，以及從內心深處一股有如滾燙岩漿般攪動著的熾烈信仰發散出來的熱氣。望著他的一小群聽眾，他用輕柔溫和的聲音說：「既然我還沒遇過有哪個人是上帝不會原諒的，因此我不相信地獄。」

我們過著各自的人生，絕大多數既非十惡不赦的罪人，也不是完美的聖人。我們只是一群被創造出來的人，盡其所能地活著，有時失足跌跤，有時光鮮亮麗，有時像迷途羔羊那樣大聲哭求上帝存在的保證，而生活依舊，我們並未孤零零地被遺棄在這個小星球上。這份渴望促使我們許多人去尋找種種跡象，可以證明「有人」在聆聽，而我們渴望有人牽引的祈求被聽見了。我最要好的一位朋友發誓說，她能從別人的車牌中得到啟示。她是一輩子都在與神對話的那種人，因此諸如坐在車內等紅綠燈或停車時，腦中突然迸出一些具有意義的字句或字母之類的事，對她來說一點都不稀奇。你可以說她喜歡探究事物，創造屬於她自己的意義，但也可能是因為，她對這類事物敞開心胸，答案也因此顯現。對其他人來說，尤其是那些身處苦難中的人，天堂顯得異常沉默。往往我們渴求意義，卻只感覺到絕望。被遺棄在那兒自生自滅久了，我們便想出千百種理由來辯證說不可能有上帝，生活沒有更崇高的意義，人生沒有目的。卻不知道，我們所追尋的保證有如寶藏，就被藏在顯眼的地方。

多年前我便領悟了這個道理，當時我還是個孩子，頂多六、七歲。那天是復活節，我們的鄰居舉行了大家一起尋找復活節彩蛋的盛大活動。陽光暖和，柔軟無比的土地上長滿了正開始鑽出溼潤泥土的翠綠新草。他們田裡的小片草莓園圃還沒播種，但看來那麼親切迷人，蘊含著夏季的甜美允諾。就連那些帶著細小嫩芽的樹木，都彷彿是一群剛結束一趟漫長旅行歸來、還沒打開行囊的老友。

我們這些小孩仍然穿著節日盛裝，手挽著籃子，在院子裡排隊等候指令。當一個媽媽宣布獵蛋活動的範圍，我興奮得心跳加速。我可以看得出來，其他孩子早就瞧著許多近得伸手就能搶到的彩蛋了，他們正暗暗擬定策略，決定該先往哪邊跑。那位媽媽告訴我們的最後一件事是，除了照例會有的糖果和蛋，還有一項大獎，不同於其他獎品，非常新奇特別——它立刻成為我們最想要的。她沒說那是什麼東西，要等我們看見了才會知道。

有人吹了聲口哨，我們應聲起跑，在後院分散開來。我們忽跑忽停，不時蹲下來抓取草地上的彩蛋，接著又彈跳起來，那樣子肯定像極了巨蛙。孩子們沿著籬笆探索，把石頭移開，每當有兩個人同時伸手抓同一個寶藏時便哇哇尖叫。大部分寶物都被找到之後，我們放慢動作，更加謹慎地搜尋剩餘的獎品。很快地，較年長孩子們的籃子都滿了，證明他們速度較快、較機靈，但較小的孩子表現也不差。只是，大獎還沒被找到。

記得當時我拎著籃子慢慢走，當我掃視草坪尋找閒晃的散兵，一股欣喜湧上心頭。沒有半個人，我決定回院子去。我邊走邊仰頭望著天空，讓早春的陽光溫暖我的臉。接著，當我經過一株大灌木叢時，一眼就看見了它。有趣的是，我根本沒找它。但它就在那裡，出現在所有人面前。我停下來，仔細盯著，心想我看見了東西。一隻白色大塑膠兔坐在一片還沒抽芽的樹叢裡，連藏都說不上。它大約有一呎高，有著漂亮的藍眼珠與嫻靜的神態。外型和設計相當寫實，不是卡通兔子，在我看來就像兔子的守護天使。我本能地看了一下周遭，頭左右轉動，心想一定隨時會有其他孩子跑來，將寶物從我手中奪走，可是沒有半個人。我雙手微微顫抖著伸出，輕輕把它從樹叢裡拿出來。它的重量和肚子裡的沙沙聲告訴我裡頭塞了糖果。可是令我心中充滿敬畏的不是糖果。雙手捧著那隻兔子，我感覺自己正握著某種超乎塵俗的東西，就像握著神力，感覺上帝似乎正俯視著我，對我微笑。我們之間有個祕密，這個祕密就是：我是被寵愛的。

當我帶著兔子回到院子裡，幾個媽媽都笑了。「哎呀，瞧誰挖到寶了！」幾個孩子圍了過來，嘰嘰喳喳著，要求抱它一下，問我在哪裡找到的。「它就坐在矮樹叢裡啊。」說著，我指向那兒。「坐在那裡，根本沒藏起來。」怎麼會沒人找到它，我也想不透。孩子們在那裡來來回回跑了不知多少趟呢。

有時候，最簡單的經驗便能讓我們想起自己受到上帝的寵愛。上帝並沒有把兔子放在灌木叢裡，然而我那六歲的小小自我卻做出了和神有關的詮釋。正因如此，這段經驗才顯得真實無比。換作別人，或許不會像我一樣，對於找到寶物有同樣的感受，而且那或許也根本無足輕重，可是對我來說卻非常深奧。突然間，上帝的存在變成有形的，祂是可觸及的，我可以雙手握著祂。當我到處奔走時，祂一直都在那兒，靜靜觀察著我。而就在我放棄尋找的時候，祂便冷不防現身了。

找到寶物時的神祕體驗，這感覺一直伴隨著我。那或許並不是神蹟——像摩西看見燃燒灌木或神靈顯現之類的——但那讓我在早年有了一次和神邂逅的認知。個人經驗的玄奇或神祕本質遠不及它所激發的深沉感受來得重要。或許這就是奇蹟：讓我們敞開心胸，接受上帝在我們之中的可能性，進而去體驗埋藏在日常細瑣中的神性。到頭來，重要的是心的悸動，而心，是上帝的居所。

對於那些想要了解聖靈，或者渴求**擁有**神聖體驗的人，最理想的方式是從我們的日常生活著手。這點我很確定。若非如此，那麼神祕體驗勢將專屬於一小群菁英：先知和詩人、超能治療師和聖人、直觀論者和那些擁有靈視力的人。沒幾個人有本事像雅各那樣和天使搏鬥，更別說讓海水分開。就算我們做得到，我們會不會有那種謙遜、感恩之心，了解到這是上帝賜給我們力量、激發我們熱望的結果？渴望遇上奇特的神聖經驗，但當它真的發生時又開始懷疑，這是常有的事。有多少次，我們聽說有死難者的家人再度見到親人時發出驚叫，卻又被淚水和懷疑遮蔽了眼睛，頑固地拒絕承認可能有天使走在他們之中？

我們並不孤單。多數人內心深處多少了解這點，儘管我們不敢相信，更別提大聲說出來。我們或許看不見天使在我們當中，但我們可以察覺他們留下的痕跡，那些無法解釋的跡象。也許，當我們站在廚房的窗口，坐在書桌前，或者走在街上時，應該把心房敞開，只要一點點就好。藉著這麼做，我們邀請聖靈進入我們的生命。當這位賓客到來，那經驗可能會近似於突然用雙重曝光效果看我們周遭的世界。我們的肉眼看見的是熟悉的形體，可是我們的內視力、活躍的洞察力，將會看見聖靈的痕跡、神聖能量的充滿，無時無刻飛旋、跳動著。

我們的生活是無數可以看見上帝手印時刻的總和。每次經驗都是我們星座中的一顆星，每顆星都有助於照亮我們的道路，標繪出我們的路線。當我感覺迷失，我便回想生命中的種種體驗，於是我又能漸漸找回正確的路徑。這些經歷就像天上的麵包屑，它們能提醒我們自己是誰，到過哪些地方。而它們全都指向神祕。我們可以省視自己的一生，看見一幅單向度的圖畫、一張排滿日期和事件的清單，或者我們可以尋找埋藏於其中的星塵。如果神聖經歷是星子，它們將構成一幅閃亮的馬賽克拼圖，對每個人來說都是獨特的，但全都閃耀著同等的亮光，所有圖案持續不斷地混合，又湧現。我們可以指著它們說「啊，我就是在這裡墜入愛河」，或者「我就是在這裡失戀，然後在這裡走出來」。我們將能看見平凡生活中蘊藏的美，對於那構成完整自我的精細繁瑣驚嘆不已。

然而，在我們將自己的親身經歷交給上天保管之前，我們必須先體驗它們。每個時刻都代表著一次機會，可以體驗神聖，可以觸及那僅僅隔著一層薄紗的東西。我們不需要知道自己在尋找什麼——事實上，多數人心裡連個譜都沒有——我們只要現身就行了。帶著破碎的自我，穿著盛裝，別去推擠其他孩子，記得偶爾仰起臉來朝向太陽。神並不在「天上」某個地方等著被發現；我們的親人並不在「外面」某個和我們相距遙遠的某處。這些薄弱的界線都是我們自己設下的，因為我們怎麼也看不透，上帝就近在咫尺，伸手可及。

我們每個人都已獲得了獎賞。我們被創造出來，受到造物者的眷顧，在連綿不絕的聖靈與時間底下彼此相繫相連。倘若我們容許自己了解到，世界的本質是神祕的，那麼分分秒秒都可能充滿了深意和新發現。這麼一來，我們便不再需要渴求上帝，因為我們將在萬物中看見上帝。孤獨將不復存在，因為我們將知道，我們一直都不孤單。

血橙

一開始我只聞到一股香味。它淡淡飄來，有如一聲細語，或者一個乍現的念頭，輕微得只能吸引你回頭。我想像自己仰起鼻子，飄浮在一個瀰漫著無形甜香的夢幻國度。我穿過擋住我視線、以同步節奏搖晃的灰藍色人牆尋找它的來源。地鐵車廂擠滿下午的乘客，其中有不少學生，搭乘著這都會版的校車。撇開擁擠不說，車廂內倒是安靜得出奇，多虧了iPod、各種平板和手機所形成的個人磁場。我環顧周遭，發現幾乎每顆頭都低垂著，所有人都盯著自己的機子——現代版的禱告。

到了下一個車站，車廂門打開，一大群人下了車，我總算能把通道看清楚。我看見一個年約五歲的小男孩。他坐在那裡，兩條腿懸空，腳勉強碰到地板，兩隻腳踝舒適自在地交叉。他的雙手在大腿上輕輕交握，每條肌肉都很放鬆。他並未看我，因此我能默默地觀察他而不會覺得彆扭。他那漂亮的圓臉，鮮奶咖啡般的膚色，看來既不特別興奮也不淡漠。事實上，他的表情很難形容，這是我覺得有趣的部分原因。我能想到的最佳比喻是，它與奇異的信任感產生共鳴。他是一個完全活在當下的小佛陀。

他旁邊坐著一個十幾歲的女孩。太年輕了，不可能是他母親，一定是他姊姊，我猜是這樣。她的神情和男孩相仿：平靜，不特別開心或難過。乍看可能會誤以為她很無聊，可是無聊不足以吸引人注意。那感覺就好像，這兩人孤零零坐在火車上，沒有停靠點，沒有火車站，沒有容身之處，也沒地方可去。

女孩兩手握著一只大橘子，一片淡褐色背景中的一團鮮豔球體。每個她以指甲在橘皮上戳出的孔都散發出一縷傳遍整個車廂的清香，是會讓人流口水的那種甜香，會讓你很想嘗嘗味道。我注意到有些乘客在深深吸氣，像是企圖悄悄暗藏一些香氣，但擴張的鼻孔讓他們露了餡。那是夏天的氣味、生命的氣味；讓人想起一個科技、水泥建築以外的世界。在我來得及隱去之前，一抹微笑已然爬上我的臉。

我的目光游移過一張張臉孔，從乘客們吸著香味的幸福感，到兩個孩子的靜止不動，最後停在女孩的手上。她的手指修長、纖細而柔軟，有如蜘蛛腿那般，以巧妙的靈活度移動著，穩穩地處理著橘子的外皮。它們是詩人會歌頌、畫家會描繪的那種纖手——應該像一朵五瓣的鮮花那樣被輕輕握著的手。

厚橘子皮剝光後，女孩小心翼翼地將它放在鋪在大腿的紙巾上。不用說，我心想舞蹈已近尾聲，魔咒即將解除，橘子將被吃掉，而在它周圍優雅舞動的一雙手將就此失去魅力，是時鐘一敲響十二點便會發生的那種狀況。地鐵車廂將不再是灰姑娘的馨香馬車，它將只是普通的南瓜，而女孩只是放學後拖著弟弟搭車回家的平凡少女。然而，出乎我意料，好戲才要開始。她沒有扳開橘子，把一、兩瓣塞進嘴裡，卻展開了繁瑣的工作，將橘子上殘留的白色纖維全部摘除。**全部**。我敬畏地看著她的尖細手指有條不紊地執行著任務。她手中的橘子宛如一個小而纖弱的世界。她無比專注，握著它，轉動它，輕輕將橘皮留下的細碎纖維摘掉。隨著時間流逝，完美的成果也逐漸浮現。感覺像是看著一尊雕像在藝術家的一刀刀鑿刻下，從它的大理石牢獄解放出來。我好奇她究竟會花多少時間在上頭，好奇她究竟做到什麼程度才會滿意，而當她終於完成她的傑作之後，又會怎麼做？

我思索著自己的缺乏耐性。總是匆忙度日，總是隨便塞點東西填飽肚子，而非細細品嘗，往往只求事情做得「還好」，而非盡善盡美。這女孩一點都不急。她從橘子上撕下的每一根纖維都像是第一根。而且她的弟弟全然接受。他沒有拉她的袖子。他連吭都沒吭一聲。**也許他不愛吃橘子**，我猜想。

列車隨著地鐵沿線的車站走走停停，我開始擔心，會不會沒看到故事結局就得下車了呢。我心想，**就算到站了，我也不下車**。我被迷住了。而且我發現不是只有我。其他人也都從他們的3C產品中抬起頭來，看著她的美麗手指。**她有一雙外科醫生的手**，我心想。**她有一雙上帝的手**，我聽過這樣的形容。

我看著她的雙手將橘子轉來轉去，然後舉到眼睛前方仔細端詳。橘子完美無瑕，一根殘留的纖維都沒有，彷彿從內透出光來。儘管她的動作顯示她或許終於滿意了，她的表情始終沒變。她仍然無法被解讀，就像一塊淡黃色的調色板，誰都可以將自己的解釋和感覺投射在上面。

她謹慎地把橘子分成完美的兩等分，接著繼續將它們剝成更小的等分。到了這時，我實在很希望她能乾脆點把它吃了。然而，以一種毫不做作的優雅手勢，她把一片完美的等分遞給小男孩。**從來就不是為了她自己**，我了解到，**費盡工夫，一絲不苟的體貼，從頭到尾都是為了她弟弟**。當列車繼續一站接一站停靠，女孩始終沒有嘗一口她精心處理的橘子。她只是不斷一片片遞給那男孩，他則是用兩隻張開的小手掌接過然後送到嘴邊。

我輕鬆地坐著，直到抵達我要下車那站，心中明白這一幕的美好，卻參不透為什麼。表面上，你可以說這只不過是擁擠地鐵車廂裡的一個少女，剝橘子給一個小男孩吃。她剝橘子，他吃，沒什麼大不了。可是這個過程看起來，以及它給人的感覺，就像是聖餐禮。除非主持儀式已臻於圓滿，她不會發給他吃。絕不能妥協。或許差一點他也能接受——或許他還太小，不懂其中的差別——可是**她**知道。而她的存在——充滿忠實可靠的權威感和美好——傳達了一種值得等待的訊息。等時機成熟，東西一定會發下來，可是非等到那時候不可。至於那男孩，似乎也明白她的所有努力都是為了他，而且只為了他一個人，因此他的等待非常平和，毫無掛慮。沒有煩躁不安，沒有不耐——只有順從地同步配合。

橘子會是基督的血嗎?在我念大學時，確實有位牧師向我提過這問題。事實上，他並非真想知道我的想法，而只是藉著這虛矯的反問來嘲弄、羞辱我罷了。我還沒來得及回答，他便答了聲響亮、憤怒的「**不會**」。而這聲**不會**讓我決定不再參加校園基督教團契，尤其是可能由這位牧師主持的任何活動。同時這也在我心上留下一道傷痕，就在他砰地甩上門離去的時候，我被夾傷了。

當時我在丹尼森大學的大四生涯才剛開始。許多學生，包括我在內，都在別的地方修完大三課程之後回到了校園。我剛在維也納大學讀完春季學期，我的朋友克莉絲則是在密西根大學念了一學期。我們不僅在展開遊學之前就是同寢室的室友，而且也是擁有共同信仰的好友。克莉絲文靜聰明，而且是可靠的朋友。我信任她的意見，而且很珍惜我們能分享彼此的努力與靈性。她是我在丹尼森唯一會一起禱告，或者——據我了解——不為了學分一起讀聖經的朋友。

我們剛到宿舍安頓下來，就聽說宗教事務辦公室聘請了一位新的宗教事務長。由於我們兩個在大學的前三年都常參加校園團契，而且我是僅有的六個主修宗教的大四生之一，我們覺得應該去拜訪一下這位新任宗教事務長表示歡迎。這似乎才是待客之道，尤其當時校園內的基督教社團相當小——至少是非常低調。

我們上樓前往宗教事務長辦公室，心情極好，感覺快活又開朗。一個四十歲左右的矮胖男子出來迎接我們。他留著剪得極短的鬍子，頭頂的稀疏褐髮梳理得整齊服貼。我們互相握手、自我介紹，接著他示意我們在他辦公桌前的皮椅入座。還記得聊天時，他對我們主動表示善意的反應讓我覺得有點掃興。他散發出一股冷冷的官威，像是有一道壓克力板堵在我們之間。我想他大概搞不太清楚，像這樣的自發性探訪對他來說有多麼珍貴。返校的第一週，我們的同學大都忙著玩飛盤、開趴吵死人或敲鍵盤。我想不出還有誰會特別跑來和宗教事務長打招呼。

為了有利於交談，或者與他建立關係，我決定和他分享一段最近在國外的經歷。也許我只是想表現我的性靈深度，藉此贏得他的信任，也可能只是想隨便找個話題。總之，我感覺我們需要一個性靈開罐器來撬開他鋼鐵般的心，而我認為這則故事或許會有這樣的效果。

「我在克里特島有一段精采的際遇。」我開始說故事。我感覺有點反胃，這應該算是一種徵兆，表示我最好**馬上打住**，可是太遲了。

「真的？」他說，聲音感覺像是從比桌子對面還要更遠的地方傳來。

「對啊。」我回答，裝出輕快、雀躍的聲音，儘管我的嘴巴很乾，喉嚨像是突然塞進一整個撒哈拉沙漠。我瞄了眼克莉絲，她微笑，鼓勵地點著頭，然而回想起來，當時她放在大腿上的雙手似乎掐得緊了點。

我開始向他敘述，當時我的室友安卓雅和我決定利用春假，來一趟維也納到希臘之旅。我們預算有限（至少我是這樣），不過火車票不算太貴，而且我們打算紮營或者投宿青年旅館。從維也納搭火車到雅典要花將近四十小時，這當中的大部分時間我們都不得不站著，因為沒有空座位。

儘管對火車兩三下便擠爆的狀況有那麼點警惕——感覺像隨時會出事似地——我們還是上了車出發。旅途的前三十個小時，我們站在整排關著門的包廂外面一條狹長的走道上，腳邊放著背包搖來晃去，或者試著坐在地板上，每次一有包廂門打開，或者有人經過，我們就得閃開讓路。不用說，簡直累死了。正因為如此，當終於有人讓位給我們，我們馬上接受了，顧不得對方提議的動機是有問題的。

晚上很不好過，但還算平靜。然而，到了早上，火車變得鬧哄哄。不斷有人推擠著從我們身邊經過，去洗手間，或者只是為了走動走動。多種語言在空中混雜著，有如森林中群鳥啁啾——那麼清晰、美麗而有趣。安卓雅和我有時用德語交談，有時用英語，有時就只是交換一下眼神。那個特別早晨的眼神則是在說：「除非妳知道哪裡有咖啡可以喝，不然別跟我說話。」

時間一分一秒流逝，幾個小時過去了。我們不再注意那些經過的人，因此，當一個年輕人側著身子走到我們身邊時，我們嚇了一跳。他身材精瘦，穿著體面，有著整齊有型的黑髮和漂亮的深橄欖色皮膚。他用不太流利的英語說，他或許可以把他的包廂挪出位子來給我們，只要我們幫他一個小忙。安卓雅，一個道地的紐約人，對我使了個「**別開口**」的眼色，然後翻了個白眼。我們是很累，但我們可不傻。但在這同時，我們兩個也都強烈意識到兩腿和背部的酸痛。這份猶豫肯定讓我們的決心出現了裂痕，因為這名男子開始以蛇油商人的圓滑熱情，揮手招呼我們往前走。我們互看一眼，聳聳肩，然後跟著他走過通道。

包廂的玻璃門滑開，裡頭有另外四名笑容滿面、皮膚光滑的男子。「請進！請進！」他們愉快地招呼著，在兩張面對面的長凳子上騰出空位來給我們。我們的天線豎起，可是能夠坐下來，感覺實在**太棒**了。儘管心裡明白他們的友善肯定有詐，但我們並不覺得有危險。其中一人遞水給我們喝，另一人解釋著他們的難處。原來，他們有好幾包**咖啡**打算帶回家，可是他們需要有人幫忙帶。如果我們願意塞幾包在我們的背包裡，他們就讓我們共用包廂作為回報。接著，像是為了讓我們安心，他們打開其中一包，露出它的內容物：咖啡。唉！

違反了最佳判斷，我們同意了。幾個包裹被塞進我們的背包，來交換座位、水、乳酪和水果。當列車長進來驗票，我們看來就像一大群熟朋友。也許列車長的懷疑眼神只是我的想像，不過當他沒有異議離去時，我大大鬆了口氣。當火車抵達雅典，我們的臨時旅伴拿回他們的包裹，一行人繼續展開各自的愉快旅程。想到其他的包裹還裝了什麼別的東西，以及萬一我們被逮到藏著這些東西會有什麼後果，我忍不住一陣哆嗦。「實在有夠蠢的，」安卓雅和我都同意，「下不為例。」

兩天後，我們已經身在克里特島。青年旅館位在俯瞰大海的山頂。我們睡在星空下的雙層床上，這些床鋪在屋頂上排成好幾列，旅客大部分是來自歐洲各地的年輕人。感覺很奇妙。對於之前的漫長火車旅程和神祕際遇，我們沒有多想。相反地，我們吃著淋了蜂蜜的新鮮優格，每天步行幾哩路下山到海灘，啜著希臘茴香酒，晚上和當地人跳舞作樂。

第三天早晨，我在天亮前醒來，想起這天是復活節——不是希臘人的東正教復活節，而是該教以外的基督徒（包括在國內的基督徒）的復活節。前晚我問過安卓雅，要不要和我一起來一趟晨間沉思漫步，但她婉拒了。安卓雅是文化意義上的猶太人，而非宗教意義上的。我猜到她不會有興趣，但我不希望萬一她醒來發現我不在而擔心。

當我悄悄鑽出睡袋時，天空是晶亮的靛藍色，空氣和地面都飽含晨露而一片溼潤。穿上鞋子，我在那兒站立片刻，從我們所在的高處眺望遠方。太陽的金橘色光芒還未穿透海平面，但地平線已逐漸亮起。我把我的口袋版《新約聖經》塞進外套，開始漫步下山，想找個地方禱告。儘管路上只有我一個人，但我並不覺得孤單，因為我知道其他基督徒也正準備開始他們的黎明禱告。同樣的陽光會喚醒他們，同樣的故事會啟迪他們。我是全球社群的一分子。

突然間，我有股欲望想要加入某個聖餐禮之類的，能夠穩固、象徵我和世俗的基督肉體有所連繫的儀式。懷著這個念頭，我閒晃著進入距離旅館不遠的一個小村莊。村子裡只有幾家商店，這時都還關著門，黑漆漆的。失望之餘，我準備重新上路，就在這時，一扇店門打開。一名模樣親切的男子（顯然很意外看見我在那裡）用希臘語向我打招呼。用我不熟悉的手勢和語言，他似乎是問我需要什麼，儘管他還沒開門做生意。我試著傳達給他，說我想買葡萄汁和麵包。他搔了搔光禿的腦袋，給了我一瓶橘子汽水和幾個香草脆餅。他要不是無法理解我要什麼，就是他店裡只有這些了。但這不重要，我很滿意他給我的東西，而且很感激他開了店門。

我繼續沿著山路往下走，一步步變得越來越陡峭崎嶇。這時，太陽正展開它的戲劇性登場，當天空是一個巨大舞臺那樣指揮調度著。如果光束是聲音，這世界肯定已沐浴在無以名狀的美麗交響樂之中。實際上，鳥鳴和微風的細語是這天早晨大自然的復活節讚美詩的唯一伴奏。而這已經足夠。

約莫來到大海和青年旅館的中間點，我離開山徑，找到一塊可以坐下的大石頭。深呼吸，我閉上眼睛，仰頭望著天空。想像我的雙親在我們辛辛那提的衛理公會教堂起身吟唱：「耶穌基督今復生。」聲音和鄰居們的歌聲融合，和**他們的**鄰居們的聲音融合，和各地基督徒的大合唱融合為一。我想像，我們所有人有如星系中的光點，彼此連結，並且不斷向外擴散，直到全世界緊密結合為一個充滿愛的光之網絡。接著我張開眼睛、眺望大海，強烈意識到自己這輩子再也不可能像此刻這樣接近使徒保羅曾走過的道路。我發現自己吟唱頌歌般，一遍遍低語著：「感謝上帝，感謝祢。」

我從口袋拿出聖經，讀著福音書中關於耶穌復活的每一段敘述：《馬太福音》第二十八章，《馬可福音》第十六章，《路加福音》第二十四章，

《約翰福音》第二十章。我享用香草脆餅和橘子汽水，將它們高舉著，表達感恩，然後說：「主啊，我以此來紀念祢。」領受過後，我繼續坐了片刻，感覺到一股和神之間、和基督神蹟以及和萬物之間的深厚連結。接著，有如某種古老的教堂鐘聲，我突然聽見遠方傳來一陣叮叮噹噹的聲響——牛鈴吧，我想，然而這是我身為俄亥俄州人的想法。當聲音逐漸接近，我聽出那鈴聲伴隨著羊群沿著小徑下山的咩咩叫聲。這聲音如此甜美輕柔，是我的復活節禮拜的完美尾聲。

我隱約聽見牠們啪噠啪噠的腳步聲，和牧羊人不時發出的口哨及吆喝聲，不禁好奇，當他瞥見我隱身在樹叢中時會怎麼想。也許我的樣子像一個困在荊棘叢裡的迷路孩子。我還沒來得及深入去想，一張小臉出現。帶頭走下山徑的是羊群中最幼小的一隻。牠肯定察覺到我在那裡，因為牠突然停下，轉過頭來，好奇地打量著我。我連動也不敢動一下，怕嚇著了牠。接著，出乎我意料，這隻小羊越過灌木叢，跳上一塊從我坐著的地方伸手可及的石頭。我們微笑相對了一陣子，然後我決定賭一下，伸出手去。彷佛回應日常的問候那般，小羊挨過來，近得讓我可以用手指搔牠的鼻子。這一刻真是美妙無比。

鈴聲越來越近，當小羊轉身跳回山徑上，其他山羊也差不多到了。當牧羊人拄著手杖經過，看見我坐在那裡，他衝著我困惑地一笑，點了下頭，但沒有停下腳步。我細細回味著逐漸遠離的蹄聲和羊叫聲，這天早晨獲得的奇妙禮物，以及在小山羊之間傳遞的無言寧靜。

「這或許是我經歷過最深沉的神聖體驗之一。」我下著結語。

宗教事務長停頓了一會兒，儘管短暫，卻異常地冰冷。「無論從哪方面來看，」他說，口氣充滿輕蔑，「妳都做錯了。」

「怎麼說？」

「首先，」他繼續說，「妳不能自己主持聖餐禮。只有獲得任命的牧師（我很不服氣）可以主持[2]。再者，妳真以為橘子，更別說橘子汽水，可以轉化成基督的血？」他臉頰漲紅，提高音量說：「只能用葡萄汁。」

「為什麼？」我問，同時稍微坐直身體，挺起肩膀。「因為耶穌隨手拿起身邊的東西，而那剛好就是酒和無酵餅，當時猶太逾越節餐桌上最常見的兩樣食物。他不是囑咐他們要時時刻刻紀念他，在每一次聚會中，在每一樣滋養肉體和靈魂的食物中？」我的心怦怦狂跳，眼睛瞇了起來。我只希望雙眼別迸出淚水。我可不想讓他因為把我逼哭了而覺得得意。

「只能用葡萄汁，因為只有葡萄汁會在妳領受它的時候轉化成基督的血，這叫「變質說」（transubstantiation）。」

這下我不單是難受，還很氣憤，這是好現象。他的神學理論還不如他那狂妄自大、魯鈍不友善的態度來得令人惱火。他不但無意展開對話或交換想法，還踐踏我的信仰，玷辱我和他分享的這段個人經驗。一時之間不知該如何是好，我猛烈反擊：「我從來沒聽過這麼傲慢的說法。每個人的想法都得和你一樣嗎？我是聯合衛理公會教徒，我向你保證，我們的聖餐果汁並不會變成血。我們有些人可以在象徵事物中發現力量。」沒等他回應，我站了起來，看了一臉痛苦不安的克莉絲一眼。「祝你在丹尼森任教愉快。」我對他說，然後走出他的辦公室，再也沒多說什麼，淚水簌簌地滑落，只隱約感覺克莉絲跟在我後面。

也難怪三十年後，這個身邊帶著弟弟搭火車的女孩會讓我感觸如此之深。橘子的香氣，伸出的手，穿透人海的光芒，那坐姿，那靜默，一絲不苟準備著的禮物——這些在在說明了，**沒錯**，基督是在血

---

2 譯注：大部分基督教派由牧師主持聖餐禮，但在有些教會裡，長老也可以主持。無論何者，都必須經過「按立」這個儀式授權，才可以主持聖餐儀式。原文 clergy***man*** 刻意強調「man」還帶有性別意識。

當中，不過是在心與心之間怦怦跳動的血。基督的靈存在於聖壇的聖餐杯中，也同樣存在於悉心剝好的橘子的汁液當中。我們可以透過日常的事物來紀念祂，並且記得我們是誰：由一個牧羊人引領著、沿著道路輕快而行的羊群。

父親的眼睛

當我大清早從睡夢中緩緩甦醒，並未清楚意識到這天是父親節。我的貓朱利安氣憤地喵喵叫個不停，索討牠的早餐，也不想想這時才五點半，而且又是週日。我拉過被子蓋住頭，試圖重新入睡，發現自己沉浸在方才的夢境中。意識到它或許很快便會逃開，我努力吸取它的細節——這時仍然鮮活，但又轉瞬即逝。

夢中，我走進浴室洗臉。當我注視著鏡子，看見父親站在我身後，滿臉微笑。他已經走了兩年，可是卻突然出現了。「爸！」我大叫，轉身面對他。然而，當我這麼做時，他消失了。儘管我剛才看見的影像無比真實，這會兒，那裡什麼都沒有。我回頭看向鏡子，再度發現他站在我身後。他渾身散發著生命力和愛。我轉頭越過肩膀偷瞄，既怕鏡子裡的影像消失，又怕看不見身後的父親。可是，他又消失了。我再度面向鏡子，這次很有把握會看見他站在我身後。果然，他又出現了。站在那裡，笑咪咪地，彷彿這是捉迷藏遊戲，或者魔術伎倆。雖然很想回頭，我知道就算回頭也不可能看得到他，而我只想好好把握這一刻，不管它能持續多久。

「爸！」我激動地說：「爸……你來了！」

「是啊！」他點頭回答：「我來了。」

「我好想抱抱你！」我脫口而出。

「我知道。」他輕聲答道：「但妳感覺得到我的擁抱，不是嗎？」

「對，對，我感覺得到。」

我在那裡繼續站了一會兒，凝視著他的眼睛，感受著他存在的溫度，不只如此，還有他那難掩的喜悅神色。在相當程度上，我了解我看見的不只是生前曾經是我父親的那個人，同時也是某種更接近他本質的永恆靈體。感覺就好像，曾經蘊藏在他體內的所有能量——受限於肉體、情感和精神的——如今都獲得了釋放。我所看見的是他的純粹本質，曾經寄宿在那親愛、熟悉形體內的神性光輝。它向我湧來，在我之中注入無比幸福。而在這一刻，對他逝去的哀悼一股腦兒蒸發了，有如一團黑影被陽光掃蕩一空。

我對他說，我這一生都會想念著他，然而並不悲情。我沒要求他回來。那比較像是一種確認，只是另一種讓他知道我愛他的方式。他會意地微笑，然後說：「妳再怎麼回頭都找不到我的，不過只要妳照鏡子，就能看見我。我的映像在妳之中。」我知道他正藉機教導我許多事——他正以神祕而溫柔的高度對我說話。我站在那裡，感覺他正持續地傳授許多無聲的教誨和智慧給我。只是靜靜站著，我卻能將它們一一吸收，有如石頭汲取著太陽的溫暖。

夢到這裡，我被朱利安的叫聲驚醒。當我的知覺轉移到了貓叫聲，鏡子，連同爸的影像一下子消失了，有如海市蜃樓。我努力在腦子裡重建那些影像，但那已經不是實況了，我只不過是躺回床上，重播之前的夢境。然而，父親來看我的感覺依然那麼強烈，還有他傳達的信息：如果我想親近他，如果我想感覺他的存在，我必須在自己之中，以及在我看待這世界的方式之中，去尋找他。

我一向覺得我父親是個神奇的人。如果你告訴他一則故事或者分享你經歷的事，他總是可以從其中找出一絲玄祕和深意。爸總是用靈性的角度來詮釋發生在他身上的一切。他正是透過這樣的鏡片來關照這世界。無論是告訴我們一個關於在蘋果核中發現星星的故事，或者懷疑他見過的一個小孩會不會其實是個天使，爸在信仰上的求知欲影響了我們的生活。每一件事都是通往至聖者的一個線索：眾天使就在我們面前向我們招手，我們已逝的親人就在那兒引領著我們，而「彼岸」距離我們僅僅一步之遙。如果我們提到某個死去的人時，燈光剛好閃了幾下，爸會試著感應來世傳來了什麼訊息。如果你跟他說你遇見一個親切的陌生人，他會想知道所有細節，來幫你了解上帝在你的生命中會如何發揮作用。而如果他握住你的雙手禱告，你會感覺到一股療癒的能量從他的掌心傳來。信仰的深度和力量讓他能夠敞開心胸接納新的洞見，以及體驗神性的新管道。

有時我不免懷疑，我是否也給了我的孩子同樣的禮物，我是否和他一樣，體現了在神蹟中的喜悅，以及對它的熱情。但願我做到了。畢竟這是他們遺產的一部分——不是財物，而是心靈的遺產。有時我們會忘了，我們留給子女的不單只有錢財或物質，也留下了精神和道德上的遺產。我父親留下的遺產非常豐富，那是一幅充滿了寬宏氣度、憐憫、神祕和信心的寶石織錦。倘若我沒能把這份禮物傳下去，我便浪費了這樣一個珍貴又無可取代的東西。那麼，我就真的失去他了。

在父親節當天作了這個夢之後不久，有一天，我漫不經心地用手機玩一個叫做「快聊」的app。這個應用程式的有趣功能之一是讓你可以和另一個人「換臉」。於是，出於好奇，我調出一張自己的照片，然後找到一張我爸的。使用app之後，我們的臉並沒有真的**互換**，說得更真確點，應該是**混合**。結果讓我大吃一驚。他就在那兒，從我的眼睛向外凝視，我也在那兒，從他的眼睛向外凝視。總之，我們的影像融合在一起，雖說他留起鬍子比我好看多了。我確實可以在我之中看見他。在我們的混合影像中，我可以感覺到他的溫暖，以及他柔軟的心靈，同時以一種更為深刻的方式體驗到，他是多麼地愛我，以及他的許多部分是如何存活在我之中。

我常想起我母親，她坐在廚房裡，每天沉浸在父親離去的空虛感中。他所去的那個地方，她還無法跟隨。當親愛的人不在了，人難免會有被遺棄的感覺。我喜歡想像我爸實際上**既**陪著她，同時又在遠方。只因為她看不見他，並不表示他不存在。也許生命就像一場騙局遊戲，我們的親人並未離開，只不過我們連繫不上他們。我們的眼睛跟不上將他們移來移去的那雙手。也許他們只是躲在我們看不見的地方。

許多年前，我父親曾有過一次短暫體驗，結局卻是滑稽的。有一天，他和我母親到雜貨店去。當他轉入一條通道去找某樣東西，她繼續推著購物車往前走。等他找到他要的東西，就走到下一條通道去找她。接著走到下一條……接著下一條……接著下一條。然後他驚慌起來。到處都找不到她。**她會在哪裡呢**？他納悶著。隨著他經過的一條又一條空蕩蕩的通道，一顆心越跳越快。有些人可能會開始氣惱，有些人可能會擔心他們的伴侶會不會發生了意外。可是我父親不一樣。基於他看待世界的方式，他的自然反應是：**她被提升天（rapture）**[3]**了！而我被留了下來！**

後來他把這件事告訴全家人，我們都覺得實在太妙太有趣了。當然母親並沒有被提升天，而只是常見的陰錯陽差引發的滑稽意外罷了。他老是錯過她。當他走進一條通道，她剛好在下一條。當他終於找到她，他大大鬆了口氣。另一方面，她很幸運地始終沒發現他不在身邊，根本沒替他擔

3 譯注：基督徒相信，當耶穌再臨，活著的信徒將被接往天國，獲得永生。

心。可是聽他形容，要說母親「被提上去」似乎也相當合理。而這個可能性又那麼刺激迷人。他靜靜回味著，我們則想像母親在一道光輝中被提起的畫面。我們唯一覺得說不通的是，上帝不太可能將所有虔誠的人全部接到天國，卻把爸爸獨自留在這世上。

孤零零站在斷崖峭壁上是很可怕的。我們希望親人永遠陪著我們，我們常向失去親人的喪家說：他會永遠與妳同在；她會永遠與你同在。儘管我相信這是事實，但又很難理解。這話究竟是什麼意思？我們的親人會滯留在地球上，直到我們和他們會合？無論如何，我真希望那道分隔今世和來生的紗幕輕易便能穿透，他們並沒有被困在這裡，而能夠自由地到處移動，當我們需要他們時，便靠近我們。也許這意謂著，他們的一部分仍然繼續存活在我們身上、我們的記憶中，我們能夠用笑聲召喚他們到餐桌前，感覺他們就像昔日那樣陪在我們身邊。而如果說親人不在了，我們都還能感覺到他們，如果我們能在自己身上看見他們，那麼我們想要在彼此身上感覺、看見上帝存在的渴望，又該是如何地強烈？

作夢之後幾個月，某天我在曼哈頓搭地鐵。環顧車廂內的其他乘客，我默默觀察著這城市的歧異性，驚異於竟然有那麼多形形色色的人同時出現在一節車廂內。你可以說我有意識地享受著這個多樣性帶來的禮物。接著，怪事發生了。當我看著時，每個人的臉就在我眼前起了變化。滿臉風霜的中國老婦人，鼻梁顯然被打斷過一、兩次的拉丁美洲人，有著優雅頸子的漂亮年輕黑人女性，坐在我對面、長了暴牙的白人男孩——他們全都變得……美麗。那感覺就像，觀賞一段色彩和構圖快速轉換的活動蒙太奇剪輯。看著看著，每張臉的每個部位都變成了奇景，讓我無法將目光從一隻耳朵或某人高低起伏的鼻梁上移開。我對某人眼睛的不對稱驚異不已。**哇**，我心想，**每個人都好美啊。我們全都被造得好美麗**。我環顧著，好奇是否有其他人也看見我所看到的。就算有人看見了，也沒什麼反應。

回想這段經歷，我相信有兩件事情發生了。我的視覺變得比較接近上帝的視覺——我開始透過上帝的眼睛來看車廂裡的人們（而上帝認為我們本質上都是美麗的）——同時我也看見上帝透過這些人的眼睛凝視著我。這就像我們全都和上帝進行著換臉，每個人的臉都和上帝的臉融合在一起。這是一次深刻的體驗，我將永遠忘不了。後來好幾次搭地鐵，我也曾敞開自己，準備像上帝那樣觀照世界，試圖再度喚起那次經歷，可是怎麼也比不上那天自然而然發生的美好。有一天搭地鐵，我把這件事告訴女兒。「妳看得見每個人有多美嗎？」我問。「好像有喔。」她笑著回答。我們就這麼一路前進，領受著那美好，直到下車。

當我想要親近父親，我便試著透過他的眼睛看世界。如今他以靈體的形式又是怎麼看的呢？當我認識到美、表現出仁慈和愛的時候，最能強烈感覺到他在我身邊，而且我也感激他留下的心靈遺產。他教導我，上帝的靈就如我們每個人心中的一簇火苗。我們對彼此付出越多的愛，便有越多的氧氣滋養這火苗。愛是心靈的氧氣。無論是看著我和父親的換臉，或者看著地鐵上陌生人的臉，我深信不疑，存在我心中的聖靈和存在你心中的是同一個，存在你心中的聖靈和存在我心中的是同一個。當我們像上帝那樣看世界，我們便都是美的，而且絕不孤單。

Mysterium Tremendum et Fascinans

不，這不是哈利波特小說裡的魔咒。*Mysterium tremendum et fascinans* 這句話的意思是「可畏、迷人的奧祕」，德國基督教神學家魯道夫・奧托（Rudolf Otto）用來形容和至聖者相遇的經驗；他稱那是神祕的經歷。我大一那年第一次讀他的作品《論神聖》（*The Idea of the Holy*）。我的神學教授沃特・艾森拜斯博士要我們全班超越童年對上帝、宗教和心靈體驗的觀念，勇敢涉入更深的水域，無論是在學術上或個人經驗上。真是既艱難又刺激的一門課程。

和上帝相遇可不是小事。很可能令人欣慰、害怕，或者改變人的一生，也可能需要做出某種我們畏懼的突破。摩西和約伯、撒拉和馬利亞這樣的人很了解這點，可是我們多數人都無法相信這樣的邂逅會在現代發生。也許我們已經對神蹟麻木——也可能我們內心有一部分真的害怕，一旦上帝對我們說話會有什麼後果。這種事我們無從知道。關於神聖，我們既**無法**知道也無法理解。而「可畏、迷人的奧祕」是奧托用來捕捉這感覺的用語。在日復一日的現代生活中，能帶來驚奇的事少之又少，因此我們更要記得和「全然他者」（wholly other）相遇的可能性，且在祂面前我們只能緘默不語。

倘若我們有勇氣相信，至聖者很可能並不受制於我們有限的知覺、我們能接納或理解的範圍，那麼我們或許將發現自己踏上了一條嶄新的路徑，不管是自我或性靈方面。而探險之旅就從這裡開始。和上帝的邂逅並不僅僅是在夕陽美景、思索浩瀚無垠的星空、誕生的奇蹟或者不時對我們揮舞颶風巨拳的大自然當中得到啟發。奧托和其他人形容的比較像是摩西面對燃燒灌木叢、脫去鞋子踏上聖地的那種顫慄惶恐。事實上我們也只能抱著這種謙卑的姿態。

我們無法理解的事往往會令我們不安，牽涉到神聖經驗時尤其如此。

每當聽別人敘述一段讓人起雞皮疙瘩的經歷，或者和「全然他者」相遇的感受，我們往往**很想**相信，但又充滿了疑惑。就像多馬（Thomas）聆聽其他門徒敘述他們看見耶穌死後復活時，那種多疑的態度。他一定懊惱得不得了。也許當時他倒楣被派去採買糧食，也許他比其他門徒勇敢，出門去查看城裡發生了什麼事。無論如何，最後他只能懷著既驚奇又忌妒的複雜心情聽別人敘說，滿心想要相信他們，但是理性讓他難以接受。他們的經歷屬於一種遇見超凡力量的神聖體驗。當一個人有了這類經驗，當事人會用「絕妙」、「令人震懾」、「迷人」、「神奇」和「超自然」之類的字眼來解釋它。必須注意的是，就如某位作家所說，「它的神聖性不是個人內在的投射，而是源自一個根本上迥異的來生。」[4]

---

4 傑西．湯瑪斯（Jesse Thomas）散文《無盡的喜悅：C．S．路易斯與人際關係中的神聖性》（*From Joy to Joy: C.S. Lewis and the Numinous in the World of Relationships*），一九九八。

「根本上迴異的來生」這概念是宗教經驗和神祕冥思的核心。我們無法證明今生之外還有什麼，但我們可以冥想它，我們可以渴望它——有些人聲稱曾經窺見它的面貌。冥想神祕意謂著敞開自己，準備進入兩個世界——我們生存的這個世界，以及一個可能存在於我們視線之外的世界——的交會點。

我的雙親是心靈探險家，一支凡人版的路易斯和克拉克探險隊[5]，帶領全家人遠征未知的領域。他們對神祕經驗採開放態度，但同時又堅守著基督教信仰。每當有人感覺上帝和他同在，每當有人心臟狂跳、口乾舌燥，這種種全被拿到餐桌上，帶著熱情和好奇彼此分享，有趣極了。我們有共同的目標，每個人都是這支探險隊的一員，也都有能力去發掘帷幕彼端的線索。這世間充滿了玄祕，而所有玄祕都指向上帝的存在。

因此，當小時候聽父親提起某晚前來敲門的陌生人的故事，我們都了解，這或許意謂著和一位天使相遇——或者現在我所認為的神祕經驗——

的可能性。「那是一個下雪的十二月晚上，」他說，「你們幾個小蘿蔔頭都上樓睡覺了，你們的媽咪和我總算可以休息一下。突然間，我們聽見有人敲門。」

聽見這話，我們立刻被迷住。每當爸進入講故事模式，尤其是和神靈現象有關的故事，我們總是聽得如痴如狂。他接著解釋為什麼他和媽咪會被敲門聲嚇一跳。在深夜時段有人上門，除非是緊急事件，不然十分罕見。因為我們住在一個坐落著許多簡樸房舍的死巷子裡，住戶大都是年輕夫妻。房子比鄰而立，在夏天可以透過敞開的窗戶聽見彼此的聲音；可是到了冬天，大家就像裹上羊毛衫那樣包得密不透風。

爸打開大門，暗暗希望不是緊急事故。站在飄飛雪花中的不是某個有困難或者需要幫忙的鄰居，而是一個穿著短袖扣領襯衫的男子。就在他身

5 譯注：路易斯上尉（Meriwether Lewis）、克拉克少尉（William Clark）展開的「路易斯與克拉克遠征」為美國首次橫越東西岸的探險考察活動。

後，鄰居們的小房子閃耀著聖誕節燈飾，是查理布朗漫畫風——不完美但質樸而可愛。男子解釋說他正在為某項慈善活動募款，金額大小都歡迎。爸回應前遲疑了片刻，意識到這是奇怪的時間點和奇怪的陌生人，而屋內又有五個熟睡中的孩子。「等一下，」他說，「我去看看有沒有現金可以給你。」早年我們家從來就沒有多餘的錢，尤其在聖誕節前；事實上是相當拮据。可是只要有人開口，爸爸從不拒絕給予，因此他四處翻找著口袋，帶著幾塊錢回到門口。「謝謝。」當爸爸把幾張紙鈔遞給那人時，他說：「上帝保佑你。」

說完，陌生人轉身離去，爸回到屋內。邊想著這古怪的互動，他回到座位邊，可是，當他想要坐下時，他後來解釋說，他沒辦法坐下。「感覺就好像有股看不見的力量在阻止我坐下。」他表情生動地告訴我們。「我試了半天，但是一直有東西攔著我。」爸邊說邊從餐椅站起，表演當時他是如何努力想坐下，卻被某種無形的力場給擋住。這時我們全都坐在椅子邊緣，也在某種玄奇神祕事物的邊緣。**後來呢？**我們很想知道。**你怎麼辦？**

「既然我沒辦法坐下，」他解釋，「我跑回門口，發現那人還站在那裡。『等一下！』我對他說，『我有別的東西要給你。』」爸再次描述那個人的短袖襯衫和外面的雪。他知道他還有東西要給予。

「於是我跑向衣櫥，拿出我的西裝。」他說。

「你唯一的西裝。」我母親提醒他，搖頭大笑。

「沒錯，我**唯一**的西裝，我必須穿它去上班。」

他白天才到乾洗店去把它拿回來，這時還放在乾淨的塑膠套裡。「拿去。」他說，把西裝推給那人。「我想應該很合身。」沒多問什麼，那人把西裝、衣架等全部接過去，露出淡淡一笑。「上帝保佑你，」他再度輕聲說，「聖誕快樂。」

「我回到屋子裡，」爸說，「這次我可以坐下了。可是接著我又想，真蠢！應該給他暖和點的衣服才對，例如我那件冬季大衣。」他描述著他抓起大衣、跑回門口的情景。可是那人已經離開，雪地裡也沒有任何腳印可以追蹤。爸手上拎著大衣，跑去問隔壁鄰居是否有怪人敲門。「只有你，」鄰居大笑，「就只有你。」毫不氣餒，他沿著死巷繞了一大圈，挨家挨戶問他們相同的問題，但只得到同樣的困惑表情，以及同樣的答案。

「我站了一會兒，回頭看著我們的房子，」他說，「好安靜。雪靜靜飄下，燈光照亮我們的窗口。接著我聽見聖經裡的一句話：『不可忘記用愛心接待客旅，因為曾有接待客旅的，不知不覺就接待了天使。』」[6]

「所以你認為那個人是天使嗎，爸？」我們睜大眼睛。

「也許吧，」他笑著回答，「我想不出其他可能。」

「可是沒了西裝，你上班穿什麼呢？」

「上帝眷顧我。」他說，露出神祕的微笑。接著他解釋說，過了一、兩天，他有個堂妹的丈夫突然過世，那人體格和他差不多，而那人的衣櫥裡剛好掛了兩套已經穿不到的西裝。「我送出一件，卻得到兩件。」他說。

我記得的不只是這位聖誕節訪客的故事，而是我父親說故事的方式，在其中發現深意的智慧，還有它傳達的多重訊息。他想要教導我們，關於慈悲和憐憫，關於施予——就算你能給的不多，關於以信仰戰勝恐懼，以及，當神蹟敲你的門時，該如何辨認出它來。我的雙親讓我們的心靈柔軟有如黏土，因此我們能夠感覺天使翅膀輕拂留下的跡印。他們教導我們留意心靈水面的細微波紋，冥思無形微風的本質。他們教導我們開放心胸迎接上帝的存在，同時相信上帝的心永遠對我們開啟。

不久前我在布朗克斯區的一座大墓園看見一位老先生在他妻子墳前哭泣，重溫了這個啟示。當時我剛主持完一個陌生人的葬禮，那是我身為宣教士受託好幾次的任務之一。當葬禮結束，家屬離去後，我在墓園裡漫步了一會兒。那是森林墓園（Woodland Cemetery），一個歷史悠久的地標，

---

6 出自《希伯來書》第十三章第2節。英語標準版聖經。

紐約市最大的墓園之一。我知道有不少名人葬在那裡，包括歐文・柏林、喬治・柯漢、邁爾斯・戴維斯和艾靈頓公爵等樂手，以及大作家赫爾曼・梅爾維爾，這還只是其中幾位。那是一個涼爽宜人的秋日，是那種腳下踩著枯葉、樹端也仍掛著不少綠葉的天氣。襯著潔白的墓石和紀念碑，亮藍的天空和火紅的樹葉似乎更添幾分明豔。我知道就算有地圖，也沒什麼機會正巧遇上這些樂手的墳墓，但心想還是到處逛逛吧。占地四百英畝、容納超過三十萬座墳墓的森林墓園，將逝者隱蔽得非常好。如果想嘗試迷路的滋味，這兒應該能滿足你。

看見那位老先生時，我正悠哉地往前走，一邊注意墓石，一邊仰望藍天。他一個人站在那裡，低頭凝視著一座墳墓，這座墳墓偏離小徑，隱身在一片高大雜亂的灌木叢裡。灌木叢的葉子已差不多掉光了，到處散落成一堆堆，有如派對的殘留物，細長的樹枝也因此露了出來。我想這是我能看見他站在那裡的部分原因——光禿的樹枝有如千百隻戴著黑手套的手招呼我過去。看得出來他在哭泣——因為他不時用手帕擦眼睛——我不確定是否該打擾他獨處。

我在那兒站立片刻，明白只要我踏出一步，我腳下的枯葉脆裂聲便會洩露我的行蹤。眼前的景致美得令人心痛。樹葉輕輕柔柔地飄落地面，枝椏向天空舒展，而那人就靜靜站在天與地之間。我走了幾步，故意將腳下的幾片樹葉掃開，讓他知道我來了。我不想嚇著他，也無意和他攀談。我想我們應該會禮貌地微笑，然後我會繼續往前走。可是當那人抬起頭來時，他露出一種驚奇又欣喜的複雜表情，完全出乎我的意料。

「借問一下，」睜大眼睛，淚水繼續湧出，他說，「妳剛才可曾看見一位年輕人在這附近走動？」我跟他說沒有。我問他是否在等人，心想大概是某個約好和他會合的親人吧。

「你在等人來接你？」我問他。「要不要我幫你找找看？」

「噢，不用，」他搖頭說，「只是……嗯……這事實在太奇怪了。」

他接著告訴我，他到墓園來看他妻子的墳墓。雖說他沒有每天來，但他幾乎每週帶鮮花過來看她，清理墓石上的灰塵。不知怎地，也許是他把車子停錯了地方，或者這片變化多端的秋季景致讓他迷失了方向，總之他找不到她的墳墓。「我越來越慌張。」他對我說。他越來越不安，就越來越不清楚該往哪裡走。最後，他說，他停在原地，哭了起來。

「我實在不知道該怎麼辦才好，」他盯著我的臉說，「只能站在那裡大哭，然後，我大概禱告了一下，接著神奇的事發生了。有個年輕人向我走來，問我怎麼了。我向他解釋說我迷路了，找不到我妻子葬在哪裡。妳能想像嗎？」他搖著頭問我，「竟然找不到另一半的墳墓？」

我開始起雞皮疙瘩，你知道有玄奇的事就要發生的那種感覺。「然後呢？」我輕聲問，彷彿回到小時候聽父親講故事的時光。

「他問我，她叫什麼名字。別誤會，我覺得他很好心，可是根本不得要領。瞧瞧這裡，實在太大了。但我還是告訴了他。之後，他說：『哦，我知道她在哪裡了，跟我來。』」

老先生指著之前他迷路而後停止前進的地方，距離我們此時所在的位置相當遠。「那可不是只有兩、三呎而已。」他接著說。但是那個走在他身邊的年輕人毫不遲疑地引領著他，來到他妻子埋葬的地方。

「到達她的墳墓時，我太激動了，」他說，「忍不住又哭了起來。等我抬頭想向他道謝時，他已經不見了。」

說完這些話，過了片刻，他笑了。「妳大概認為我瘋了，對吧？一個瘋老頭。」

「不，我不這麼認為，」我對他說，「我認為上帝派了位天使來給你。」

我們在那裡繼續站了一會兒，凝視著他妻子的墳墓，默默分享這件事的奧妙神奇。他抓抓腦門，努力向我強調一個陌生人，尤其是他從沒見過的陌生人，會知道他妻子葬在哪裡，實在是不可能的事。每週前來持續了一年，他解釋著說，他對這一帶常來探墓的人大致上算相當眼熟了，可是他從沒見過這名年輕人。我們的對話迴盪在空氣中，有如靜靜飄落的樹葉，直到我發現他的思緒不知不覺陷入了較私密的領域。我們互相擁抱，然後我問他能不能找到出去的路。他咯咯輕笑幾聲，說他當然可以。接著，他低頭看著妻子的墓石，說：「噢，對了……今天是我們的結婚紀念日。」

有時候至聖者會在我們急需幫助的時刻，以各種我們能夠辨認、了解的方式和形態現形；在其他時候，我們必須堅持信仰。無論我們選擇把發生在自己身上的事看成巧合、奇遇、運氣或神的介入，都取決於自己。不管是人或神，那個突然現身幫助悲傷老先生的年輕人都是一個禱告得到回應的體現。他是墓園管理人、經常造訪墓園的人或者幽靈，對我來說一點都不重要——我也不想知道。這個時刻是神聖的。我們越是開放自己，就越有機會體驗神聖，也會越常驚嘆「可畏、迷人的奧祕」！

神聖的躊躇

我們多數人都需要意識到自己是被愛的——被別人、被上帝所愛。沒了這份認知，人生將無比孤單。我每天——一天好幾次——對我的孩子們說，我愛他們。我可以期待藉由接納、讚賞他們每個人的全部特質、出席他們的各種活動、陪在他們身邊……來體現這份愛。他們在我心中激發的愛，他們回報給我的愛，是一個流動的循環，有如一道奔流不息的清泉。哪天，當他們的心消沉乾涸，我希望他們擁有一些回憶和意象，可以為他們的井注入活水。

一個我非常珍惜的意象發生在我兒子大學時某一次足球賽艱苦、令人興奮激動的贏球場景。球賽結束後，我站在球場的底線區，看著他緩緩從三十碼線走出球場。他摘下頭盔，像出征戰士那般踏著堅定的步伐。他經過時，隊友們拍著他的墊肩，眾家長停下來向他道賀。亞歷克斯微笑點頭，但是他繼續穿過人群。然後我們目光相遇。當他走到我面前，我這個高六呎三、重兩百磅的兒子一把摟住我，給了我一個汗水淋漓的擁抱，頭靠在我肩上，汗溼的臉頰緊貼著我的，情緒激動地說：「謝謝妳來看球，媽。」他說著，聲音顫抖。「謝謝妳每一場球賽都來。我真的好愛妳！」

我想要緊抓住這一刻，不單為我自己，也為了他。因為我**在**那裡，他**能夠**扎扎實實感覺到我的愛，哪天他需要時，他或許會回憶起來。我知道讓我兒子忍不住真情流露的不只是令人興奮感動的贏球。他知道幾年前我差點在一次手術中喪命，很可能再也無法出席觀看他的任何一場球賽——他心中有滿滿的感激和愛。如果我輕忽地只把它當成又一場球賽的結束，我便錯失了我兒子的感激擁抱所隱含的祝福之意。

母職是一種神聖的事務——不管孩子是我們親生或領養，也不管我們是男是女——因為母職（廣義來說）意謂著協助一個人活出豐富的生命；

意謂著應允充當母船，成為另一個人的基地；意謂著提供另一個人一處讓他能感覺自己全然被珍惜、被愛的安穩養育空間。艾克哈特大師（Johannes Eckhart）說：「我們本當作為上帝之母，上帝永遠等著降生。」我們生下上帝的每一刻，都將愛引領到這世上。

引領愛來到這世上可以有許多種形式，有時它意謂著溫柔護送一個人離開這一世，前往來世。這正是多年前我遇見的一位年輕護士所做的。當時我到一間護理學校去，向一群即將結業就職的學生演講。當討論到性靈和生命臨終時，我問那些學生，有沒有誰曾經陪伴過垂危的病患。一位年輕護士舉手了。她輕聲敘述著，有天晚上她到醫院輪值，當時十分忙碌，正職護士全忙著交接班、進行檢傷分類、巡視病患。當這名學生朝護理站走去時，有個東西——或者該說有個人——吸引了她的目光。透過一扇敞開的病房門，她發現有位老婦人在病床上難過地扭來扭去。

怕報到遲了來不及交接，這位年輕護士猶豫了一下，最終決定走進這間病房。進了病房，她輕輕讓這名病人的身體伸直，換了個比較舒服的姿勢，並且把枕頭挪好，將被子撫平。就在這時，她了解到這名病人的生命已經垂危。她一時驚慌起來，不確定該怎麼做。她是否該跑到護理站去找一位資深護士，或起碼呼叫求助？護士決定留下來陪老婦人，握住她的手。這麼做時，婦人深深凝視著年輕護士的眼睛，細聲說：「謝謝妳。」嚥下了最後一口氣。

這名學生敘述著這個故事，淚水滑落臉頰。「我真的不知道該怎麼辦，」她解釋著，「但我不忍心留下她一個人。」

但願我能讓她了解，她這麼做可說一時間踏入了上帝的領地，她的體貼慈悲是送給那位垂死婦人的禮物，而婦人也以感激回報她的慈悲贈禮。乍看之下，這或許像是每天在全世界無數醫院中上演的場景——病人死亡，護士醫生盡忠職守——日子還是照樣過。可是上帝藏在躊躇中，神聖則藏在心的隱密處。這位護士在她躊躇不決的時刻，將愛引領到世上，解決別人的苦難。而垂死的婦人同樣帶來了愛，即使處在磨難之中，仍然以感激回報了這項行動。在這親密的一刻，兩人也將彼此——透過上帝的雙手——護送到了上帝的懷中。

在轉角遇見上帝

我和好友安卓雅手挽手沿著維也納的繁忙商店街漫步，天正下著大雪。感覺像是有隻無形的手搖晃著一顆巨大的雪球，而我們只是裡頭的無數細小人形。在人行道上和我們擦身而過的是許多身穿皮草的貴婦人、戴著羽飾帽子的男人和裹著叢林綠羊毛衣的小孩。清脆簡短的維也納德國腔在冷冽沉悶的空氣中飄蕩。其中有些字句在我聽來已逐漸變得耳熟了，不過大部分仍然像一首生疏歌曲的片段悄悄溜過。要不是冬雪打在臉上，腳趾有點刺痛，這幾乎像是遊走在夢中。

大三那年我到維也納來讀了一學期。和許多學生一樣，我想利用這機會好好旅行，體驗異國生活，讓自己浸淫在外語環境之中。一開始我不太確定自己如何負擔得起相關費用，但很快地，我了解到我的所有花費都將轉移到跨國學生交流計畫，我只需要湊足機票錢、向人借一只旅行後背包，再加上一點勇氣。

抵達維也納兩天後，我經介紹認識了安卓雅，而她成了我的新室友。她從小住長島，是伊薩卡學院的大三生。除了想學流利的德語、利用這次遊學機會盡情體驗生活之外，我們之間的共同點少之又少，儘管如此，我們卻很快成了好友。巧的是，我們的出生名都是「安卓雅」，只不過人家習慣叫我安蒂。她的雙親是不信教的猶太人，我的雙親是衛理公會教徒。她母親是小兒科醫師，父母在三〇年代逃離德國納粹，最後定居在阿根廷。她父親，一個心理醫師，匈牙利猶太人，童年時期有五年是在集中營度過的，他的親友大都在大屠殺期間遇害了。

另一方面，我母親則是生長在肯塔基州的一座農場，開設小兒科診所長達二十五年，儘管她其實有能力經營大企業。我父親，一個作家，出生、成長於辛辛那提的一個德國人社區。他有大批親友——包括他的叔父——

毅然從軍對抗納粹，許多人都明白他們將得和自己的親人作戰。

從這些方面看來，安卓雅和我可說沒有什麼不同。也許正因為這樣，我們的個性和背景似乎像拼圖那樣一拍即合。她有一種很妙的反威權性格，常逗得我大笑，也提醒我用另一種角度看世界。她可以像水手那樣飆髒話，而且試著發揮各種新鮮創意教我說，然而我的教養讓我始終沒辦法說得很溜。我著迷於她的口音（對我來說紐約就像異國）、她的家族歷史、她的熱情，和她的溫暖。我們常開玩笑說，我比她更了解猶太教，因為她的家人不守教規。安卓雅很火爆、愛冒險而且忠誠。我比較溫和，或許有點太容易相信人，但總是樂於嘗試新事物。雖然我老是缺錢，她從來不會讓我覺得難堪，儘管這會阻礙我們一起出門。而我呢，從不會介意她是否單獨行動卻沒找我。這就是我們的交往狀況。

一起散步時，我們打算先找一家維也納有名的咖啡館，喝杯美味的飲料暖暖身子、練練德文，然後討論接下來的探險行動。我們散步時聊了些什麼，我已經不記得了，可以確定的是，我們笑個不停。到現在我都還感覺得到那份輕鬆快意，感覺得到我們步伐一致的節奏感，和我們手挽手漫步時後背包肩帶的抖動。我也記得情況丕變的瞬間，感覺就像誤踩了地雷引爆線。

像尊雕像直挺挺地站著，像凍結在原地的，是一個留著長鬍子、手中拿著只錫杯的老人。他穿著破舊外套，沒戴手套，低垂著頭，一臉的謙恭表情。我們從他身邊經過時，瞬間安靜下來，兩人都意識到自己在某種程度上受了極大的刺激。不是因為難過，老實說，甚至也不是因為同情——完全不是那麼回事。我們是受了他那純粹的人性，以及他出現在熙攘忙亂的人潮車流、商業活動和愉悅的閒聊聲中的那股不協調感的刺激。

安卓雅不是沒見過人行乞。她在紐約市一帶成長，見慣了乞丐和街友出現在生活周遭。她早已學會狠下心腸、眼睛直盯前方然後繼續往前走。至於我，儘管不諳世故，對於市井中的貧窮現實卻也並不是全然無知。可是這個人震撼了我們。他令我們震撼不是因為我們沒見過人在街上討零錢，而是因為他出現的方式。

默默走了幾個街區，我們之間的氣氛突然變得嚴肅、游移不定，接著我們聊了起來：從不曾在維也納街頭見過那樣的人……事實上，在別的地方也沒見過。他身上有種深深打動人的特質，我們無法以言語表達，但可以感覺得到，就像你很清楚有人說了真話或者一針見血的感覺。在半路上突然止步，我們互看一眼，明白我們非回去不可。那感覺就像在一條單行道上走錯了方向。人行道上，人潮繼續從我們身邊流過，碰撞推擠著，對於我們的偏離常軌微微露出不耐。

我們穿越大雪往回跑，一股急迫感和決心突然降臨。我們毫無計畫。迅速清點了我們口袋裡的所有零錢，兩人加起來總共約有三塊錢，這原本是要用來買咖啡的。過了一、兩個街區，我們經過一處攤販，他賣的是放在鐵桶上烤然後舀在錐形紙杯裡的厚片鹹味馬鈴薯。那香味讓人在半個街區外便口水直流。或許是因為香氣，也可能是因為我們自己餓了，可是我們毫不猶豫下了決定，要替那老人買一點吃的。我遞出我的一先令，同意無論剩下多少零錢，都要交給那位陌生人。

我們繼續往前走，穿過匆匆趕路的人群，其中有些人就像馬戲團的熊那樣緩慢移動。我們透過一層厚重的白雪努力尋找，巴望著那人還在那兒，還待在**原地**。我們不太有把握，但我們持續往大致的方向前進。**拜託別走，拜託別走**，我喃喃低語著，擠過血拼客，擠過帶著小孩的婦人，擠過手挽手的老夫妻。**拜託別走**。一字字化成小小的白色霧氣逸出，有如從香爐飄起的薰香。

繞過街角，我們一眼看見他。我呼了口氣，總算，安心和感激融化了胸口的緊繃感。他和之前一樣，一動不動站在那裡，眼睛低垂，彎著頭。他的靜止不動與周遭川流不息的時間和人呈現出一種奇特的不和諧。就好像熙來攘往的人群沒看見他，好像他壓根不存在。沒人放慢腳步，沒人回頭、抬一下眉毛，總之沒人跟他打個招呼。然而，即使在遠處，他所散發的感覺仍清晰可辨。他有如一顆墜落人間的星子，可是他的光芒仍越過冰冷的人群散發開來。

靠近些，我發現他的表情既不悲傷也不衰弱——卻很溫和。由於這大出我的意料，讓我一下子卸除了防備。雪在他鬍子上越積越多，重重落在他柔軟的灰髮上。他沒戴帽子，沒說半句話——只是舉起他的杯子，有如夾在無數馬不停蹄匆匆來去的腳步當中的一則禱告。我們在他面前停住，這時我突然想到，我們完全沒考慮到如果再遇見他要說些什麼。起初，他似乎沒發現我們站在那裡——這次換**我們**成了隱形人——短暫的沉默降臨。

「*Entschuldigen.*」最後我結巴地說。意思是打擾了。他緩緩抬起眼睛，和他的頭髮一樣，是灰色的，但十分明亮——我感覺光芒照耀我全身。

那樣的眼睛我只見過一次，那是有一回我們學校的神祕學課程在一座修道院進行靜修期間遇見的一位修道士。儘管不是天主教徒，我仍被允許領受聖餐。當這位修道士拿聖體給我時，他注視著我的眼睛——彷彿能看透我的靈魂深處，好像他知道我的所有短處和祕密，我的能耐和缺陷。那位修道士的眼睛有如水銀、有如閃電，似乎迸出火光來，彷彿有一顆巨大的打火石擦撞著他的頭骨內側。我突然覺得害羞、赤裸裸的，很想別開目光。可是，當我繼續凝視他的眼睛，才發現那當中不帶有批判意味，而只有愛。當時我有點被嚇到了。

這名街友的眼裡有著同樣的光芒，可是眼睛四周較為柔和。有如壁爐的火那樣燃燒著，親切而迷人。當我們目光交接，一股暖意滲入我的身體，充滿我的胸膛，湧向我的雙臂雙腿。我感覺自己有如《綠野仙蹤》裡的錫人，終於上了油，擺脫自己的惰性。一時不知該做什麼，我將熱騰騰的馬鈴薯遞給他。

「*Das ganze ?*」他小聲說。意思是整個？全部？整份兒？我點點頭。

他迅速彎身，把他的錫杯放在地上，然後小心翼翼用雙手接過錐形紙杯。*Das ganze*，我在心中回應。全部。紙杯中的宇宙。我們將它視作新生嬰兒，無比輕柔、深情地傳遞。片刻間，我們三個人就那麼站著，笑嘻嘻地，彷佛共享一杯咖啡或者一則自己人才懂的笑話的老友，但本質上我們是在共享聖餐。我們是邋遢的三位一體，暴露著，毫無遮掩，然而沒人注意。

彷佛過去了永無止盡般的漫長時間，但其實我們的互動只延續了幾秒鐘。我隱約意識到安卓雅彎下身，把錢丟進他的杯子裡。幾枚硬幣發出的寂寥叮噹聲顯示裡頭原本是空的。他微微鞠躬，接著有點彆扭地停在那裡。我們直覺地知道，繼續被我們盯著看的話，他是不會吃的，於是我們揮手道別，轉身離去。

「這下我們得去乞討咖啡了，」安卓雅乾巴巴地說，「因為我們破產了。」我聳聳肩，她翻了個白眼——這一搭一唱的好感情再度穩固了我們的友誼。接著我們勾著手臂，默默無語，就這麼一路走回家去。可是在那空間裡，有著我們剛遇見的那位老人的溫柔存在，有如一隻環繞在我們肩頭的溫暖臂膀伴著我們。

接下來幾週，我偶爾會大老遠走回我們看見他的地方。每次我都會帶一點錢、一頂帽子或一條圍巾、一雙手套或幾雙暖和的襪子，可是我再也沒看見他。我從不曾把這些行程告訴安卓雅，我想我大概是羞於分享我感覺他是天使的想法。也許我們只有一次機會能夠接觸神聖——也可能我們每天都有許許多多的機會，卻錯過了近在眼前的東西。無論如何，我一直很慶幸能夠有那第二次機會——我們繞過轉角，發現上帝仍然站在那裡的那一天。

藏在星星中

那是週五的夜晚，本地高中的足球賽已經進行到最後一節。雖然我那踢足球的兒子已是大一生，我還是順道停下來觀賞這場高中球賽。這種事是永遠不會無聊的——不管是對我或者對我們小鎮上的許多人來說。要不你自己有個踢足球的兒子，要不就是你認識的某個人有，或者你是校友，或者單純喜歡在涼爽的十月夜晚坐在觀眾席上，替主場球隊加油。我有點替坐在旁邊的朋友黛兒感慨，她最小的兒子還在讀高中。我兒子在球場上叱吒風雲的那幾年，一晃眼就過去了。好好把握吧，再怎麼用心欣賞，都阻擋不了時間的飛逝。

黛兒和我約好球賽結束後碰面。我知道她一定會想跟她兒子還有其他球員的母親聊上幾句，因此我決定提早離開，然後在家等她的電話。走著走著，我聽見熟悉的播報員聲音在夜色中迴盪，隨著我的每一步變得越來越微弱、越來越模糊。那聲音有種撫慰人心的力量，但同時也勾起我對孩子們小時候的那段歲月——或許也包括我自己在俄亥俄州讀高中的那幾年——的懷念。在我十幾歲時，秋天的週五夜晚就意謂著足球賽，意謂著母親在爐子上燉煮的辣醬，意謂著從啦啦隊制服迅速換成牛仔褲，也意謂著營火和約會，開著我的破車和一群朋友到處逛，參加派對，或者在本地披薩店的停車場閒晃，直到警察來把我們趕走。週五夜晚最棒了，直到現在依然如此，儘管我已經從球場上的啦啦隊長變身為觀眾席上的母親。

等黛兒來電時，我的心情既放鬆又有點陷入沉思。在這同時我打開電腦，像平常那樣隨意敲著鍵盤，查看電郵、瀏覽新聞。不知怎地，我決定到亞馬遜網站去瞄一下我的第二本書《匿名：在哈佛神學院的得與失》（*Incognito: Lost and Found at Harvard Divinity School*）的銷售狀況。這本書已經發行六個月。它剛出版時，我常忍不住瀏覽它在亞馬遜網站的網頁，看是否有新的評論，追蹤它的銷售狀況。我被好奇和興奮驅使著——或許再加上一點不安。《匿名》記錄了我在神學院的生活，包括混亂的人際關係、各種自我懷疑的表現，以及我的邁向神職之路。它和我的第一本書——《呼喚你回家的聲音》（*The Voice That Calls You Home*）——很不一樣。那本書或許比較不幽默，但起碼充滿了我日後的安寧病房牧師工作所具有的自尊、莊嚴和成熟（但願如此）。

當我在亞馬遜網站找出《匿名》，並未期待它的排名有太大的躍進，或者有任何新的評論，因此我帶著超然的心態盯著螢幕。然而，我所看見的東西讓我猛地坐直，傾身湊向螢幕。有人剛貼了一則新評論，附上孤零零的一顆星評價。**哎呀！**但這還不是最糟的。這名評論人接著說，其實她本來想**不給**星星的，如果有這選項的話。**哈**。我完全尊重不是每個人都會喜歡一本書或覺得它有益的事實。多得是比我和我的書更優秀的作者和作品，不過……在我最缺乏信心的時刻，即使是我都至少會給《匿名》卑微的一顆星。還真有意思。

這位評論人解釋，她本身很想申請神學院，而這本書沒有什麼幫助（對這點我很抱歉），不只這樣，她認為書的內容不可能是真的（這點她錯了）。此外，她最後下結論說這本書讀起來像A+大學作文（好吧，至少這成績對我來說還算不錯）。

我又坐了一會兒，錯愕地盯著電腦螢幕，努力想要理解。一開始浮現的是對這名評論人的好奇。她的文字裡頭，還有她亂下惡評的方式裡頭有些什麼，讓我很想和她接觸。我甚至說不上是什麼，儘管我很遺憾她覺得這本書對她沒什麼幫助，但這並不是驅使我行動的真正因素。而是我在字裡行間聽到的——亦即，這聲音屬於一個正在追尋人生道路，卻不知該往哪裡走的人。我想回覆她的留言，但又不好意思被人發現我竟然看了留言。回覆別人的留言對我來說是頭一遭，我不想表現得好像很嚇人或充滿敵意。於是我輸入了我唯一想得出來、也最接近我意圖的一句話：**期待與**

妳對話。然後簽名，按下評論鈕。

隔天晚上，我查看亞馬遜網站，看她是否回應了。果然有。顯然她對於我看了她的評論感到意外、不安，她很擔心我可能會難過。我向她保證這並非我回覆她的原因。她的回應是那麼真誠，讓我更加確定自己的直覺，我應該會樂於和這個人對話。基於友好，我提議把《呼喚》寄給她，心想她或許會比較喜歡這本書，同時鼓勵她保持連繫。然而，次日，當我查看她是否回覆了，發現她之前的評論已被刪除。對此我真的很遺憾，因為這阻斷了我繼續和她交換意見的機會。我只知道她的名字：凱蒂。

接下來幾週，我不時查看凱蒂是否貼了其他評論，可是始終沒看見。我經常想起她，也很難過她在我們有機會討論神學院的事之前就失去了連繫。我很想知道她的追尋之旅是否順利，並且希望她得到協助。想起我們短暫的交流常令我會心一笑，也總是為她禱告。最後，我忽然想起要查看一下《呼喚》的書評。終於發現：一則凱蒂的評論。

她先是說明她開始讀這本書的過程，包括她最初給《匿名》的評論和我們之後的互動。讀到她寫著很擔心自己「惹火了一個牧師」時，我忍不住大笑，她坦率地說當時她感覺自己像個「蠢蛋」，我不禁為她心疼起來。我知道凱蒂無論如何絕不是「蠢蛋」。最後，在一段極為動人的關於《呼喚》的評語之後，她做出結論：

真不敢相信我給《匿名》下了那種評論。老實說，讀了這本書之後我睡不著覺，因為我知道她看了我的愚蠢評語。但願她能看見這個，了解書中這些深刻有力的散文所給予我的慰藉和指引。如果妳看見這則留言，謝謝妳，這是我唯一想說的。[7]

我回覆給她，說我很高興又找到了她，也因此開始了我和凱蒂的友誼。

我們繼續在私底下透過電郵通信，而非經由亞馬遜書評的公共論壇。接下來幾個月當中，我了解到她在十三歲那年從中國來到美國，她祖母的死對於她在人生意義和信仰的追尋上起了極大影響，同時她也已取得創意寫作的學士學位。不僅如此，她還是個出色的藝術家，也是單人長途運輸卡車駕駛員、專業譯者和中國電影編劇。簡單地說，我了解到凱蒂是個具有深度、內涵、智慧和人生經歷的優秀年輕女性；她讓我驚豔。於是，就在我們在網路上「意外」邂逅之後幾個月，她要求我看一下她申請就讀哈佛神學院的短文。那真是才華洋溢的文章。與其說她請我指教，不如說她需要有人來肯定她的卓越。我很榮幸扮演這角色。

到了春末，我的臉書收到一個連接到她首頁的標籤。有了：哈佛神學院的錄取通知書，連同一段寫給我的懇切文字。說實話，就算沒有我的建議，凱蒂同樣可以輕易進入哈佛。她聰明過人，她充滿憐憫，她正以勇氣和信心打造自己的命運。她感受到召喚，想成為一名安寧病房牧師，尤其

7 凱蒂的完整書評，請見 www.amazon.com。

是照料北加州那些無助的中國人。那是她和家人初到這國家時安身的地方，也是她祖母過世的地方。她對文化、語言和各國宗教的了解，以及她的敏銳度，將讓她成為一名極為傑出的牧師，這點我敢肯定。

在讀了《匿名》之後大約一年，凱蒂抵達哈佛神學院，而本書的故事就在將近三十年前發生在這同一所學校。就某方面來說，這對她而言無疑太夢幻！同時，除非親身經歷，你確實很難想像哈佛神學院的美。整個夏天，凱蒂和我一直透過電郵保持連繫，我真等不及要看她展開我敢說將無比精采的幾年求學時光。我們約好等她安頓下來就碰面。

當這天到來，我開車從紐約到劍橋，一邊沉思那讓我們聚在一起的不可思議的因緣。當我接近她居住的公寓，天色已暗，而且下著大雨。我在車座椅上傾身向前，努力想透過不停晃動的雨刷和打在擋風玻璃上的雨水，看清楚門牌號碼。接著我看見她——一個身穿連帽衣、撐著雨傘站在街上的嬌小身影。怕我錯過她的車道，她特別為我導引。我停妥車子，我們迅速、緊張地擁抱了一下，然後跑進她的公寓避雨。進到屋內，我又忍不住笑了。她在這分租公寓裡的小房間讓我想起我大一那年租的房子，而且我立刻就喜歡上凱蒂的風采，既害羞又有威儀。我們到對街去吃東西，同時開始仔細打量對方……細細品味我們之間的奇妙邂逅，以及我們建立的真誠情誼。**當我們用心體會字裡行間的深意，就會遇上這等好事，**我心想。**當我們被聖靈以肘輕推時，就會遇上這等好事**。

說到被聖靈以肘輕推……我本來不想提這段關於凱蒂的故事，可是我得到的徵兆實在太明顯了。有一次我趁週末去觀賞我兒子的大學足球賽之後，從俄亥俄州開車回紐約。當時我的「心靈的女兒」索嘉——一個在母親死後和我變得極為親密的青少女——也在車上。我們聊起一些將人們牽繫在一起的奇特境遇，就像她和我的情況，接著我把凱蒂的事告訴她。描述完我們是如何透過有趣的網路交流而相遇的過程之後，我提到凱蒂會開卡車，十八輪大卡車，這顯示了（對我來說）她的勇氣、她的力量，和她的冒險精神。就在這時，一輛超大的卡車在我們旁邊停下。我指給索嘉看，說那就是凱蒂開過的**同類型**卡車，不是小貨卡，而是大運量、長途運輸用的。說到一半，我突然停了下來。當那輛卡車超過我們時，我看見它的鮮橘色駕駛艙側面印著施耐德（Schneider）運輸公司的巨大字母標誌。「事實上，」我大笑，「那不只是凱蒂開過的同類型卡車，那正是凱蒂工作過的同一家公司。」看來，在某些事情上，我需要上帝向我顯示像電子看板那麼大（至少也要有卡車大小）的徵兆才行。

要是哪天凱蒂決定把哈佛神學院的經歷寫出來，希望我有機會拜讀。顯然，她的文字肯定和我的很不一樣，肯定會受到她的獨特人生、她的觀點、她的努力以及無疑將到來的輝煌成就所影響。但我希望她的書中同樣也有躍然紙上的神蹟，就如人行道上的縷縷蒸氣。希望書中會有笑聲，在卡車休息站的一杯咖啡裡迸現。或許甚至也會有類似在週五晚上等朋友，結果等到一個並肩走過一小段人生旅程的友伴的故事。

光之聖者

每年，當八月輾轉來到慵懶的尾聲，暑假被返校大採購所取代，我總是會被九一一又要到來的這個反覆出現且沉重的事實弄得心煩意亂。多年來，總在為這個紀念日的到來預作準備，我應該早就習慣了自己的感覺才對，但其實不然。這就像一次又一次落入同樣的圈套，或者像明知道草坪上的耙子放在哪裡，卻還是踩上去，然後被免不了的迎頭痛擊嚇一跳。對我來說，九月初那幾天就是這麼回事。它們是無可避免的挑戰。不管我多麼努力準備迎戰，直到現在仍然還沒找到有效的方法，可以防備九一一那天肯定會降臨的無預警攻擊。我告訴自己，總會過去的，以前我曾在世貿大樓災變現場（Ground Zero）盡力幫忙，必要時我可以再去擔任義工。我回想那些失去親人的家庭，還有日復一日趕往那裡搜救遺體、移走堆積如山的碎片殘骸、撫慰失親者的工作人員，我低頭祝禱。簡單地說，我還記得。

然而，九一一在我生命中製造了一條裂痕，一條斷層線，標示著**之前**和**之後**。即使在這麼寫著時，我都還小心記取著，能**擁有**之後是多麼奢侈的事。我的人生並未因為九一一而終止，但卻被它的餘震弄得煩亂不已。一方面，九一一紀念日這天讓我有機會確認當時我在災變現場停屍間擔任牧師的經歷所留下的悲痛和哀戚。多數時候，這些情感只留在暗處，我知道它們在那裡，可是我並不常邀請它們走到亮處。反正我也不知道會和它們一起去哪裡。除非受到九一一攻擊的直接影響，多數人恐怕不會想太多，至少不再像災後那陣子——包括最初的幾年——那般餘波盪漾。九月本質上是淚水氾濫的一個月。無論個人或整個國家，全都被淚水淹沒。經過五年，震盪逐漸減弱，伴隨著創傷的麻木也被永無止盡的沉痛失落感取代。我們的集體傷痛依然鮮明，一如我們記取教訓的無比決心，可是我們正開始往前走（無論這意謂著什麼）。再過十年，我們仍然會悼念那些傷亡者，可是以一個國家的立場，我們似乎將死者還給了他們的家人。哀傷變得較為單一而私密。那麼二十年後又會如何？我們用以抒發那天的傷痛而創造的儀式會不會變成例行公事，以致我們再也沒了感覺？也許這是可以理解，也是難免的，可是對那些因為失去親人，或者參與過某方面的協助工作，而跟這一天密不可分的人來說，九一一的尖刺永遠都會戳痛他們的敏感傷口。

當最近一次紀念日到來，我發現自己充滿了哀傷。儘管我居住的城市失去了十五位市民，這裡的紀念儀式卻越辦越小。當然，我知道那些死者的家人照樣會紀念、哀悼，主要是私底下，可是我不知道該如何處理我的哀傷。我不是受難者家屬，但我曾經在災變現場工作。當我和一個失去丈夫的女人或者失去父親的兒子目光相遇，總忍不住想，**我祝禱過的那隻手會不會是妳丈夫的？那件碎裂的襯衫會不會是你父親的？**我夢過自己努力想把人們的殘骸拼湊回去，將他們的四肢接回去，但從沒成功過。

我參加紀念儀式回到家後，心情總是異常沉重。出席者很少，儀式感覺上被一些輪流上臺致詞的當地政客把持了。沒人想當那個不說話的人。他們要我主持祝禱，儘管我寧可分享幾句簡單的感言。對我來說，祝禱常感覺像是一種奇怪的儀式：它究竟是祈禱，或是對秩序的一種要求；是一種禮儀，或是為某種即將發生的事件快速暖身？

說話時，我想我是努力想呼求上帝破碎的心，以及祂的雙手，握著所有殘破肢體的雙手。我的祝禱既是悼詞也是請求。在某些方面，它反映了我對自己在世貿災變現場那段經歷的感受：上帝不需要我們邀請祂來到我們身邊，上帝已經在那裡了。因此，祝禱是否真的必要，或者只是用來讓我（和所有參加者）感覺好過點？此外，罹難者的破碎遺骸並不需要我——或任何人——的祝福。早在他們支離破碎的遺體到達停屍間之前，那些死者的靈魂就已經被一雙比我的雙手更為巨大的手舉起並祝福著了。這

是否有任何意義呢，上帝？紀念儀式過後，我心想。**祢的子民是否知道他們的遺體得到了祝福……或者這些禱告只是用來提醒我們這些活著的人生命的意義與活著的可貴，以及，當我們死的時候不會被遺忘**？

我和上帝的傷感對話突然被我兒子的興奮聲音打斷。「嘿，媽，快過來看。太神奇了！」他正站在一扇面對後院的窗子前。天色已黑，可是沿著籬笆閃爍著一個綠色光點。

「怎麼可能？」我輕呼，敬畏地搖頭。那亮光來自我們在春天掛上去的三盞花朵造型太陽燈當中的一盞。它們早在七月中就故障了，可是我們仍然將它們留在那兒當裝飾品。夜裡，我們偶爾會提到，它們那麼快就壞了實在可惜，也許我們該把它們送修，但總是抽不出時間。漫長的夏季和充沛的陽光讓我們變得懶散。然而此刻，其中一盞竟然莫名地亮了起來，就像新的一樣——一團綠色光球飄浮在無邊的黑暗中。

「媽……我想那是給妳的，」我兒子說：「我想是妳祝禱過的那些人在向妳說謝謝。」

「也許吧。」我說，環抱他的肩膀。「也或許這訊息是說，上帝看見了，並且記得所有一切。」

籬笆上的燈光一直持續到了次週，彷彿在向我們保證那並非偶然。到了第七天晚上，它熄滅了，而且就這麼維持原狀，直到次年春天我們將它換下，裝上另一盞燈。

或許有人會說那是巧合，一盞故障的燈突然亮起，但我覺得它帶著祝福。在那個九一一紀念日，我有那麼多質疑。我的靈魂疲乏了，就像那盞燈，變得黯淡。當燈光又開始亮起，我把它看成是上帝永恆存在的象徵——一份恩賜。但是讓我同等珍惜的是我兒子注意到了，他的溫柔心靈在那裡頭見到了意義——不是為他自己，而是為了我。那盞燈亮起不只是很「酷」，在他心中，它的突然發亮是有理由的。那是一種認可和感激的表現。他母親的工作是有意義的，受到某種他看不見但深信不疑的力量所賞識。而因為他這麼相信，我也如此。也許這才是真正的恩賜——牢不可破的光，從籬笆反映到我兒子身上、到我身上，而後回到神身上。我們形成一個活躍的迴路，再度充電，恢復了活力。

盼望

亞伯拉罕在無可指望的時候，因信仍有指望。[8]

「拜託別告訴我媽，她就要接受安寧療護了。」女人哀求著，一雙圓睜的褐色眼睛在我臉上搜尋著保證。「我們不想讓她喪失希望。」

「好的。」她指出病房的方向時，我點頭說。我深吸了口氣，意識到我必須在承諾家屬請求以及讓病人了解自身狀況的權益之間取得平衡、謹慎行事。輕叩房門後，我探頭到老婦人的病房內。她露出滿嘴缺牙的溫暖微笑招呼我，手輕輕一揮請我進去。接著她用手勢要我關上房門，並且走近一些。

8《羅馬書》第四章第18節，新國際版聖經。

我在她病床邊的椅子坐下——她在床上舒服地靠著枕頭坐著——然後介紹自己，但是設法避開「安寧」二字。她的眼神和藹而聰慧，我有種感覺，她參與這老套的禮貌性閒聊完全是為了我。然後她握住我的手，輕聲細語地說：「拜託別告訴我的家人我快死了，他們真的很希望我能好起來。」

怕病危的母親絕望而不讓她知道自己病情真相的家屬誤解了：他們母親的希望不是建立在她會好起來。她知道自己的病只不過是暫時的。她只希望她死的時候家人不至於太難過，她將會在天國與家人重逢。她的希望是前瞻的，超越了這一世的界線。接下來的兩個月，她將會教導他們這點——來自一位睿智而慈愛的婦人的臨終贈禮。

「告訴他們我知道，」我第二次去探望時，她說，「還有我想談死亡的事。跟他們說我不害怕。」我小心翼翼地將這則訊息傳達給她的家人，鼓勵他們超越即將失去她的想法，坦率地與她分享即將失去她的哀傷，並且為她對這個家的付出表達感激。在接下來的探訪中，由於疑慮已消除，他們不再需要我扮演中間人的角色，所有淚水和歡笑也能自然流露了。這時我能做的是準備一副耳朵，讓他們盡情地傾倒生活中的大小事務。這麼做時，許多重要的生活點滴陸續浮現，有如對著亮光的寶石，它們得以再一次被珍惜、讚嘆。他們全家人一起回顧往事，讚頌過去的一切，但同時他們也開始向前看。這種時候，老母親會握住他們的手，深情而超脫地說：「我已經活得夠久了。」她說：「該是我回家的時候，我準備好了。」當她變得虛弱，睡得多，吃得少，她的希望和她家人的希望逐漸變得一致。他們不再希望她好起來，或者希望她不必面對死亡的現實，而是充滿溫柔、感激地為她祝福。他們想像她和那些先她而去的親人歡喜重逢，當她再也無法回應時，在她耳邊輕語著激勵的話。根本上，他們領受了她期待自己能夠寧靜地從今世過渡到來生的希望，以及她已奉獻所有、盡力教導他們關於生與死的一切承諾。

懷抱希望是身為人的要素。它促使我們在困難的時刻能夠繼續往前走，讓我們的心靈保持活絡。然而，當我們的希望被擊潰——這是常有的事——我們便得放膽再深入些，改而去發掘一種不是仰賴行為表現或者禱告得到正面回應之類的希望。這正是那位垂死婦人所體現的那種希望。她將她的關注從生命中無數變幻莫測的事件轉移到了上帝對她永恆不變的愛的承諾。她接受了出現在她前方的道路，相信她的靈魂——以及還留在世上的親人的靈魂——將會得到安寧。這樣的希望絕不會被客觀環境或多變的人生擊潰。

真正的希望是從內在綻放的花朵。它的種籽藏在我們的DNA裡，埋藏在人最基本的存在架構之中。我們正是這樣被造出來的。如同花朵迎向陽光，我們內心深處的靈魂渴求著上帝。即使我們別過頭去，即使我們拒絕認可上帝，我相信我們依然知道。在內心深處，我們知道。對於神我們有一種本能的認知，因為我們從神那裡來。當上帝將生命的氣息吹到我們之中，我們便接收了上帝的某種本質。我們的肺充滿希望，以及承諾，總有一天我們會找到返回我們心靈居所的道路。真正的希望——不是基於痴心妄想、被保護或恐懼的那種希望——是不可摧毀的，它不會隨著人生的際遇而變得晦暗或熄滅。它不是停滯的或成果導向。它是流動的，隨著我們而變動，充滿在我們對未來的想像與實際發生的事情之間的空間。它是讓我們歸屬於上帝的安全別針，提醒我們，我們是被愛的——沒有任何條件。

希望得到某些東西並沒有什麼不對：要我們的孩子平安，要我們的親人幸福健康，要我們的地球得到和平。這些期待在我的祈禱中反覆不斷出現。有意識或無意識地，每天我都會祈求這些東西。我希望得到這些東西。但我也會祈求能擁有信心和力量去承受萬一事情不如我所願，必然會產生的痛苦。少有人能逃過禱告沒能得到回應的那種絕望感。發現人生路途的艱難——即使是我們當中最堅強的人，也無法控制所有結果；即使是最虔誠的人，也無法保證能擁有無苦無難的人生——可以是十分嚇人的領悟。

我曾經熱切地希冀、祈求過許多從來不曾實現的事。我曾經飽受失落和絕望的折磨。我曾經淚流滿面地向上天求助，懷疑一切都只是白費工夫。但正是在這種時候，我找到一種關於上帝存在的更深刻覺察。最後，當我停止哭泣，當我鬆開拳頭，放手不再緊抓著任何東西，我發現上帝並未對我撒手不管。我仍然被支撐著，我仍然被愛著。上帝依然和我被生命打垮之前一樣神聖、真實。由於看了太多，也經歷了太多，我早已不再問事情為何會發生，而只求能有足夠力量熬過去。我仍然懷抱希望，但基本上只求一個承諾——我們能夠不孤孤單單走過深谷，創造我們的那個主能陪伴著我們。沒了這些，我的希望將無異於痴心妄想。

對我來說，關於希望的基本面向是從我父親——我的心靈導師、引路人和益友——那兒學來的。從小，我最常聽我爸反覆誦讀的是《歌羅西書》第一章第27節的這個片段：「基督在你們心裡，成了有榮耀的盼望。」[9]

爸總是特別強調**你們**。對他來說，這句話是那麼私密、那麼攸關重大，他認為這是他所能夠給予我們的最珍貴、最重要的禮物，當然也確實如此。這節文字提示了一個偉大神蹟的揭露。一個祕密的分享，這讓使徒保羅驚異得無法自已。「基督在你們心裡」意謂著上帝的一部分在我們之中，上帝不在**外面**，不在遠方或者被留在十字架上等死，而是蘊藏在我們之中，不是比喻的意思，而是神祕而具體地。人內在的基督聖靈扮演著一種靈魂回巢裝置的角色。它以希望的形式呈現，引領我們一心向神。是我們之中的基督讓我們辨認出貧者、傷者、被禁錮者和被剝奪者之中的受難基督。如果我們的希望是根植於內在，而非我們周遭的事物，那麼它就不會被外在環境擊垮。

身為安寧病房牧師，我總是努力將上帝的憐憫姿容帶給病患。我私心

---

9 新國際版聖經。

盼望他們得到的，或許和他們自身的盼望不盡相同，但我總是盡可能尊重病患的信仰和／或人生哲學，以及我這個角色的侷限性。例如最近我有一位和自己的三名成年子女疏遠了很多年的七十三歲病患。這名病患——一個非常聰明的女人——有著相當長的心理病史。她早年待過俄羅斯的猶太難民營，是無神論者，最近才跟結縭四十五載的丈夫離婚。初次見面時，她跟我說她不需要心靈關懷，也不想談她子女的事。當然，我希望能替他們居中調停一下。經過兩週的小心試探，我委婉地鼓勵她。然後女人對我說她很害怕。

「妳害怕什麼呢？」我問她。

「我怕死，怕再也見不到我的孩子。」說完這話，她發出近乎原始的痛苦哀號。

兩天後，她的幾個孩子被找到，並且在幾小時之內趕到她身邊。我認為她原本不敢懷抱希望——不敢寄望他們真的會來，不敢寄望要是他們來了會如何，不敢寄望自己能活著見到他們。可是他們來了，迅速且充滿愛意。就算哪天我想不起他們的名字了，這次調停的美好成果將依然留在我心中。倘若我把**我的**期望硬塞給這位病患，她將永遠沒有機會發覺或者說出她自己的盼望。

面對末期病患和他們的家人時，我很小心避免成為希望的「吊胃口者」（dangler）或「扼殺者」。一開始不容易。我必須學著陪在心碎的人身邊，努力忍著不去修補；必須關照那些勇敢面對終將一死的赤裸傷痛，同時誠實面對自己的信仰與恐懼。基本上，我必須到井邊去，和上帝仔細商量該怎麼做。我聽見上帝說的是：做一個帶來希望的人，或者更進一步，一個**分享**希望的人。這意思不是說要濫給承諾，而是要向病患保證，我們所有人都是被愛的，沒有任何人會被遺忘。愛點燃了希望之光。就如艾克哈特大師寫道：「是什麼支撐我們活著？是什麼讓我們持續不墜？我想是愛或被愛的希望。」

希望是人與生俱來的，然而生命有時會帶來巨大傷痛，讓我們一時失去希望。我們可以藉由陪伴、聆聽、表現出慈悲和同情，以及肯定對方的神聖價值，來幫助他人重燃希望。當我們沒有把握將希望注入他人心中，我們可以暫時代他們盼望。我在接受癌症治療的期間曾經有類似的體驗。某個特別不順、我又開始自艾自憐的日子，我脫口對一個朋友說我再也不想裝勇敢了。她回答說：「妳不需要勇敢，我會代替妳勇敢。」聽見這話，我心中突然湧出一股安心感。我不孤單！我不需要一個人勇敢、一個人相信、一個人盼望。我被滿滿的愛包圍著，我是漂流在尼羅河上的嬰孩摩西，有關愛的眼神一路護送我到安全的地方。[10]

我將這經驗記取在心，而它也持續教導著我。例如有一次，我遇見一個突然失去愛狗的女人。更加哀傷的是，她最近才經歷一次重大的癌症診斷，當時那隻狗就在她身邊。她的犬伴侶給了她莫大的安慰，而牠的猝死也讓她傷心欲絕。「我不停禱告。」她啜泣著說：「我是非常虔誠的人，但現在我只想把我所有的十字架和宗教畫像拿掉，我好氣上帝。」

想起我自己的經驗，我對她說：「妳可以生氣，克勞迪亞，妳可以對上帝揮拳頭，讓我們這些愛妳的人扶持妳一陣子。好好休息療傷吧。我們是信仰共同體，也許哪天妳也有機會扶持別人，暫時代替別人相信。」她臉上的痛楚變得緩和，我可以看見她呼了口氣。要在世上得到快樂與平和，我們需要感覺被愛，無論世事如何變化，我們的靈魂都是安寧的。的確，我們可以在愛中彼此扶持，我們可以在希望中小心呵護別人受傷的心。

對別人的愛給了我們希望的力量。對上帝的愛給了我們繼續往前走的信心。我們無法選擇自己會遇上什麼事，但我們永遠可以自由選擇對各種人生際遇的回應方式。就像聖誕倒數月曆[11]，可以每天打開一個小窗格看

10 新國際版聖經。

11 譯注：Advent Calendar，又稱降臨曆，始於路德教派的節慶小玩意，通常從十二月一日到二十四日，總共會有二十四個小盒子對應每一天，每個盒子裡裝有糖果、玩具等神祕小禮物。

裡面的禮物，生命蘊藏著無數等著被發掘的驚喜。我們無法強迫自己和上帝有所感應，但我們可以打開心窗。我們可以對這個可能性敞開胸懷。

當我累了，我所目睹或經歷的慈悲行為就如清水，滋潤我乾渴的心靈。它們提醒我們，不需要獨自背負自己的重擔。事實上，有時我們被抬在蓆墊上、被放在籃子中、被扶到井邊。在這同時，大自然持續吟唱著它的復原讚歌，番紅花開遍冰冷的大地，鳥兒在冬天結束後重拾漫長的返鄉旅程，狗兒猛搖尾巴散發著無條件的愛。當我們滿心感激，我們便有滿懷的希望。

母親對母親

地鐵列車隆隆前進，我凝視著窗外的大片黑暗，一張皺巴巴的藍色紙條出現在我的眼睛和大片空無之間。「我來自波士尼亞。」紙條一開頭寫著。沒看接下來的內容，我的視線跟隨握著它的一隻手移動，那隻手連著一條臂膀，臂膀連著一個將嬰兒縛在胸前、深色眼睛的年輕女人。

我和丈夫住在倫敦的期間，這樣的女人在地鐵上十分常見。被放逐的婦女，幾乎總是帶著嬰孩，她們讓人很不愉快地想起那支長途跋涉越過歐洲大陸的移民大軍——跋涉著，跋涉著，朝向又一個主旋律是貧窮、流離失所的變奏曲。無意間瞥見這個女人在上一站上車之後，我把幾枚硬幣捏在手中，以避免錢幣碰撞的尷尬，唯恐我口袋裡那有如藏不住的愛的叮噹聲暴露了我的自私。

我想我不該嚇一跳的，可是當她和她的紙條湊到我面前，我正陷入沉思，沉溺在埋藏於窗外那大片飛速通過的黝黑隧道牆面的另一個世界、另一個念頭當中。有那麼一會兒，紙條在我的眼睛和車窗之間的深淵中飄浮——接著我的腦子啪地聚焦，我想起捏在手心的錢幣。迅速交會了一下目光，我將大約三十便士放到她手中。

她走了。

通常，我應該會繼續我那與世隔絕的沉思，可是這次我卻警覺起來，像是被人從熟睡中搖醒那般。血液微微加速通過我的血管，我體內的野獸抬起頭來，鼻翼賁張，刨抓著地面。

我看著她沉穩而有條理地，將紙條舉到一個又一個人面前。她的姿態既不期待也不絕望，比較像是介於順服和決心之間、謙遜與優雅之間。我看著每個人搖頭拒絕，臉一皺，表情變得冰冷。感覺就像看著一間房子窗內的蠟燭在百葉窗砰地關上之前被捻熄。

當她結束車廂內的繞行，並且遭到最後一次拒絕，我內心有個聲音嘀咕著：**為什麼我們不該給她錢？損失個幾便士又會怎樣？**我一方面慶幸沒跟**他們**一樣，但又慚愧在那些臉孔當中看見自己的心情寫照。我知道所有正當的拒絕理由：總不能每個都給……不能鼓勵這種事……這是侵擾行為。可是，無論如何，真希望車廂裡的其他人也都能看她一眼。

列車在站與站之間的地道緩緩停住，年輕女人找到一個座位，就在我斜對面。她有一雙細長、柔軟的手，一頭在腦後紮成鬆散辮子的深色長髮。熟睡嬰孩的頭上戴著頂小毛線帽。我注意到帽子很舊，但並不髒——事實上，潔淨無瑕。他的衣服也一樣。儘管我很忍耐，但我就是無法不盯著母親和孩子看。他們是堅不可破的超強組合。**化身**二字不斷在我腦中浮現。**當愛化為肉身，它的模樣肯定就像這樣吧**，我想。女人輕撫著嬰孩沉睡的臉龐，溫柔摩挲著他的眉毛，手指在他的圓滑額頭上逗留。她輕輕拂去他臉頰上一抹看不見的髒汙，彷彿渾然忘了車廂內所有其他人的存在。

對她來說，就只有他——此時此刻，和下一刻，都只是作為襯托這孩子之完美的一種背景而存在。

我口袋裡的一英鎊錢幣蠢蠢欲動。該怎麼拿給她？為什麼我不一開始就給她呢？錢不多，但我身上就只有這些了。我看了看兩側的乘客。若要越過我們之間的一排大腿和空間把錢遞過去，似乎很彆扭，也很尷尬。也許我該打消念頭，也許真的是太微不足道，也太遲了。

列車再度啟動，駛向下一站。這時帶著孩子的女人站到了門口準備下車。當車廂門開啟，我毫不猶豫地跳了起來，跟在她後面下車。她在我前面迅速趕路，在月臺上的人群中優雅地迂迴前進。不知道還能怎麼辦，我追了上去，拍拍她的肩膀。她轉身，帶著淡淡的好奇揚起眉毛，和我四目相交。我彆扭地遞出一英鎊，聳了聳肩，感覺臉頰發燙。

她緩慢、無意識地伸出手，但依然定定注視著我。最後，她垂下眼睛，握住那枚錢幣，而後再度和我對視。當她這麼做時，情況有了變化。世界彷彿一下子恢復平穩。流動的能量循環改變了，讓我能夠再度進入，我們站在那兒，不發一語微笑著。她的眼神那麼溫暖豐富，有如地球的顏色，她的臉光彩煥發而慈愛。接著，比耳語更加輕柔的一聲「謝謝」從她嘴中吐出。

我們分開，各自走向長長月臺的兩端。我聽見她清點這天所獲的微弱的硬幣叮噹聲。接著淚水不聽使喚湧了出來，滑落我的臉頰，有如雨滴打在窗上，匯集成細小的涓流。我甚至搞不清楚為什麼。我只知道自己有了某種體驗，某種只有大自然聽得見的東西，映在原始洞穴石壁上的熊熊火焰。

數天後，我發現自己懷了第一個孩子。當我把雙手放在肚子上，我想起地鐵上的那個女人。當時是十二月。到處都是天使、星星、基督誕生畫。聖家族[12]又開始流浪、流浪、流浪、流浪——穿越耶穌降臨節，穿越時空——居

12 譯注：Holy family，指由耶穌、瑪利亞、若瑟組成的神聖家庭。

無定所，疲倦又無助，只得依賴陌生人的施捨。我並未忽略這當中的諷刺意味。在每張聖母畫像中，我看見那個地鐵上的女人的臉，瑪利亞的藍色長袍閃著微光，就如最初讓我從睡夢中驚醒的藍色紙條。

也許是在我內心和周遭逐漸滋長的生命奧祕，認出了同樣存在她內心和周遭的東西。讓這世界開始運轉的巨大脈動如今在我體內跳動著，驅使我去回應一種我無法用耳朵聽見，但可以用血液感覺的頻率。就如瑪利亞和伊莉莎白[13]，當我們輕握雙手，胎兒便在我們腹中跳動。**我認得妳**，**我認得妳**，她們驚呼。**我們同是母親**。

我沒來得及捕捉內心的覺察，下一班列車已經進站，我上了車。片刻後，另一個深色眼珠的女人帶著另一個深色眼珠的嬰孩，和另一張皺巴巴的紙條，沿著通道緩緩走來。我抖動我的手提袋，在裡頭翻找另一枚錢幣。當她來到我面前，我微微一笑，致上我的敬意。

基米的家

醫生告訴我們，他死於中風併發症，但我認為，說得更準確些，我哥哥其實是死於早在四十五年前就開始的越南併發症。儘管那場戰爭早已結束，我可以坦白地說，戰後的他完全變了個人。

基米是在剛滿十八歲時入伍的。他知道他的徵兵通知書就快來了，心想還是主動報名去當兵的好。他在一個想必感覺和俄亥俄州相距遙遠得有如但丁筆下地獄的地方服了兩期的兵役。

他離家去服役那年，我六歲，那是一九六七年，戰況正激烈。「我認為我們不應該打仗。」當父母試著向我解釋基米將要去哪裡以及為何要去，我不解地仰頭對他們說。他們的表情和嚴肅的語氣嚇壞我了。突然間，

13 譯注：施洗約翰之母。

倒臥在牆角的大行李袋看起來好險惡。它就要把我哥哥帶往一個危險又可怕的地方，一個我不認識的地方。我的兩個姊姊和我在廚房外面聽著，爸媽正悄悄在裡頭做最後的指示，好像言語能保護基米似地。我瞥見母親仰起的臉龐，她的表情充滿強烈的保護欲和無言的恐懼。我從沒見過她露出那種表情。我父親一手放在基米肩上，可以看見他在禱告，緊閉的眼睛奇妙地放射出光芒。

當他們走出廚房，基米彎身和我們每個人擁抱道別。他身材高大而優美，俏皮的微笑依舊，仍然穩穩當當地掛在那張十八歲的臉上。「要乖。」他對我們說，然後將行李袋往肩頭一甩，走出了家門。我們靠在窗口看著父親開車送他前往一個（情感上）再也沒有回頭路的地方。

因為基米，越戰對我比對許多和我同齡的孩子來說更為真實。據我了解，我是唯一有哥哥從軍參戰的一年級生。每天晚上我們全家人會圍著餐桌為他祈福，睡前也都會跪在床前禱告。我們經常談到他，也唯有如此才能將他和我們牽繫在一起。也許我母親想確保我們不會忘了他——萬一他一直沒回來。談論基米能讓我們的日常生活中保有他流動、鮮活的身影。

母親準備晚餐時，我會坐在餐桌前寫信給基米。偶爾，我會收到一封回信。用我的一雙小手握著基米的信，感覺就像握著一條看不見的神奇細線。薄薄的信紙總是皺皺的，沾了泥巴，而且沒蓋郵戳，但是上面的手寫筆跡意謂著他確實就在它的另一端。碰觸信紙幾乎就像碰觸他。信中，他通常會問我的學校生活過得如何，也會告訴我那個遙遠地方的天氣。「這裡老是下雨。」記得他曾經這麼寫。他的文字愉悅而溫暖。唯一透露出危險跡象的是一封以一句「該走了」匆匆結束的信。母親經常寄給他一箱箱食物和必需品，可是從來不曉得那些東西有沒有確實到達他手中。他十九歲生日到來時，她為他烤了蛋糕。我還記得看著她細心地把它用一層又一層玻璃紙包起來，然後連同卡片和幾樣小東西一起裝進盒子裡。

「等他收到的時候不會酸掉嗎？」我們問她。

「也許吧。」她回：「但是他會知道我們很想念他，記得他的生日。」

基米從越南回來那天，正值夏日。兩個姊姊和我在家門口懸掛起一條紙彩帶，上頭用彩色馬克筆張牙舞爪寫著**歡迎基米歸來**幾個字。母親做了幾道拿手菜，包括她寄給他慶生的同一種蛋糕。爸媽提議辦一場小型派對，讓他和親人好友聚一聚，可是他婉拒了。他們把這歸因於他一向就相當害羞，我們怎麼也揣測不到，這是因為有一部分的他已經死了。

記得當時我守在窗口等他。儘管已經兩年沒見，他的身影仍然無比清晰地浮現在我腦海。他還是那個高大瘦削的哥哥，當我卡在樹上時會去營救我的哥哥，而這種事我做過不止一回。最後一次就發生在他離家之前。像一隻爬得太高，結果只能攀在樹枝上的小貓，我大聲呼叫——不是叫母親，不是叫父親，而是叫基米。我一再呼喊他的名字，直到露臺落地窗滑開。我噙著淚水，看他在極短的時間內沉著地邁開大步，通過屋子後門和樹木之間的大段距離。他搖著腦袋，很惱怒的樣子，可是當他向我伸出手，眼裡卻充滿笑意，一抹甜笑從他嘴角揚起。我鬆開樹枝，安穩地投入他張開的臂膀。他不是讓我撲通落在草地上，而是輕輕將我抱回屋子裡，我兩手緊緊圈住他的頸子，頭靠在他肩上，淚水沾溼了他的襯衫。我得救了。

如今我的救難英雄就要回來了。可是當他踏入家門，記得當時我想著，**不太對勁，基米人呢？他們對他做了什麼？**那是他的臉，他的身體，可是**他**不見了。我好想跑過去，再度投入他的安全懷抱，可是我突然害羞起來，因為我找不到他。曾經閃耀著幽默和自信的健壯青年的眼睛，如今變得陰沉空洞。在這之後，基米生活中充滿了我怎麼也無法了解的，與沮喪、酒精、居無定所及惡魔的掙扎糾纏。接下來的四十多年當中，我只能偶爾瞥見我這一生最初那珍貴的幾年所認識的哥哥。

我們永遠不知道生命會帶給我們什麼。我們無法預期歡樂，更別說艱苦或挑戰。既然如此，我們該怎麼活下去？我們該如何為我們無從知道的一切做準備？美國陸軍徵召基米去打一場不是他發動、也無法抱太大指望的戰爭。基米的良知促使他回應了徵召，接著讓他滿腦子只知道服從命令。這似乎是樁不公平的任務。由於他和許許多多越戰退役軍人返國後受到的嘲弄和不尊重，使得他必須面對的個人戰鬥更加惡化，加深了戰爭留下的精神創傷。

越戰過後，我哥哥不知道自己是誰了。他是像有些人指控的「嬰孩殺手」？他是跑到越南而非逃兵到加拿大的「白痴」？或者他是來自俄亥俄州的小伙子，害羞的兒子，將妹妹抱在懷裡的大哥哥？他再也搞不清楚了。還有，上帝是誰？上帝是看著弟兄們在戰役中慘死的冷漠目擊者，或者上帝是傾聽者，留意著我們母親日復一日求他保護的禱告？

基米和爸媽分享的他在越南經歷的許多故事當中的一個，正和這些禱告的力量有關。在一次極為激烈的戰役中，他親眼目睹他的一個摯友從瞭望塔被轟下來，全身著火，被炸得四分五裂。槍彈亂飛，傷者和垂死者的呼喊不斷從四周傳來。那天他們小隊的二十四個人死了八個，然而，似乎有個保護罩包圍著他。當砲彈咻地越過他的頭盔、炸開了地面，他聽見我母親的聲音誦禱著她寄給他的聖經詩篇——她天天誦禱，一天好幾次：

雖有千人仆倒在你旁邊，萬人仆倒在你右邊，這災卻不得臨近你。[14]

他覺得一定是這些禱告救了他。

基米的肉體存活了下來，可是他沒能躲過的是那些繼續糾纏他的夢、撕裂他人格的子彈。就像童謠《矮胖子》（*Humpty Dumpty*）裡那個跌一跤的蛋頭先生，我哥哥已經破碎不堪，我不知道該如何把他拼湊回去。我的手臂從來就不夠長也不夠強壯，無法把他從他內心那個他緊抓不放的樹枝上拉下來，也無法將他抱到安全的地方。就算可以，我知道他也會從我

---

14 舊約《詩篇》第九十一篇第七節。

手中溜走，因為沒人可以抱得動幽靈。

也許現在，從一個較高的超然位置，基米可以看見他是如何被愛著。擺脫了沮喪，擺脫了精神疾病，擺脫了縈繞不去的惡夢，他或許可以看出他這輩子在上帝陪伴下走過的道路。如同回頭的浪子，無論他失蹤多少次，這個家永遠張開臂膀歡迎他回來。在四處流浪、失蹤多年之後，有位姪女在街上發現一名憔悴、滿臉鬍子的男子，認出那是哥哥，當時他舉著一塊寫著**飢餓老兵**的牌子站在街角。當他再度被疾病打敗，又開始餐風露宿之時，一個仁慈的陌生人對他伸出援手。那人的兄弟也曾是退役軍人，最後選擇自我了結。他在哥哥身上看見了他兄弟的影子。是那個人在基米中風之後帶他到醫院去，並且徵求基米的同意和我們聯絡。由於這位陌生人的惻隱之心，基米沒有孤零零死去，而有愛他的家人環繞著他。儘管他一生命運多舛，但並不表示上帝遺忘了他。「在世上你們有苦難，」耶穌說，「但你們可以放心，我已經勝了世界。」[15]每當我在機場或街上和一名士兵擦身而過，我總會想起基米。當我在返鄉影片中看見他們擁著他們滿臉驚喜的孩子，或與愛狗一同大笑，我總祈禱他們會記得自己是誰。那最初的、溫馨美好的哈囉，那最初的狂喜，將很快被日復一日的掙扎給取代。制服會被脫去，但它們會留下烙痕。這烙痕有時會讓人看不清他們依舊是那個曾經被抱在懷裡、被寵愛的小嬰孩的事實。他們是曾經戲弄、搭救、玩耍、爭吵的兄弟姊妹，他們是母親、父親、兒子和女兒。他們是上帝獨一無二的傑作。

那位大建築師為我們每個人設計了不同的藍圖，而這樣的藍圖是不可滲透、易燃且永恆的。生命可以將我們撕裂，可以將我們擊潰，但無法改變我們被愛的事實。我們每個人的靈魂都植入了神聖的微晶片。我們一生中的每一天，隨著我們的每一次心跳，靈魂無不追尋著方向。我們不曾真

---

15 新國際版聖經《約翰福音》第十六章第33節。

正地迷失。縱使我們不清楚自己是誰或身在何處，上帝永遠知道如何找到我們……而上帝的臂膀永遠夠長也夠強壯，可以搆得著我們。我們越早呼叫求助，便能越早感覺到上帝的存在。儘管有那麼多掙扎與憂傷，基米這一生絕不孤單。死時，他鬆開了樹枝，但並沒有墜落。上帝輕輕從樹端接住了他，對他說：「來吧，孩子，我們回家去。」

祈福

「為某人祈福，是我們所能給予的至高無上肯定。」

——亨利・盧雲（Henri Nouwen）

在凱薩琳這間舒適的公寓裡和她對坐著，我幾乎忘了她的生命將到盡頭。我們正聊著前一天她家人為她辦的生日派對。「我正打算上床，忽然聽見有人敲門。當時才七點半，可是我**老**了呀。」她大笑著說。當我反駁，說我覺得八十五歲根本不顯老，至少在她身上是如此，她頭一歪，說：「等妳到了這年紀再說吧，妹子。」凱薩琳是人家說的直腸子。嬌小優雅，聰明熱情，篤信宗教但又滿嘴瀆神言論。簡單地說，她是我欣賞的那種人。她經歷過乳癌、好幾次中風、心臟衰竭，並且在五十歲那年失去她的長子。

即使在病弱的狀態，她都顯得霸氣逼人。基於和希臘人傳統以及東正教教堂的緊密連結，她擁有不畏一切向前看——包括面對她即將死亡的事實——同時又堅定地立足於現實的能力。

儘管我喜歡來探望凱薩琳，但一方面又很怕來。不是因為氣氛感傷或不愉快——正好相反，我怕來是因為我愛她，而愛她就表示一旦她走了我將會傷心欲絕。這是沒辦法的事，她的安寧護士瑪琪也有同感。儘管我們對所有病患都同樣用心照料，但當中有些人會讓你感覺格外有緣。凱薩琳便是這樣的人。她有辦法維持本色，不讓自己的人格和心靈因為疾病而失色。這奇蹟可不算小。儘管長期坐輪椅而無法自由活動，左眼也張不開，她依然發散出強大的氣場。她的笑容開朗而淘氣，她的皮膚柔軟到了極點。每次我握她的手，總是對那絲絨般的光滑吃驚不已，而我也總是不忘告訴她這點。

聊完了她的即興生日派對，她把注意力轉向我。「妳還好嗎，妹子？

最近過得如何？」對某些人，尤其是病患或病患的親人，這問題可以草草帶過。這麼問的人多半只是基於禮貌，或者急著將談話從死亡轉到其他話題。對一個為疾病所苦的人來說，平凡瑣碎的話題或許具有分散注意力的必要功能。然而，當凱薩琳問我是否還好，她是真心想要知道。「答應我，別拿屁話來搪塞我。」她大笑著說。

我擔任安寧牧師夠久了，知道我不是去尋求她的鼓舞的，而且讓她為了我的問題操心也十分不妥。但是另一方面，否定凱薩琳有能力提供智慧和關懷而傷了她的顏面，卻也很傲慢，瞧不起人。這是身為專業人員必須謹守的分際，因此在回答她之前，我迅速就自己的動機做了一下自我評估。事實是，我**的確**有些問題。我預定明早要動手術，老實說我心中有不小的惶恐不安。這是另一次重建手術，和我多年前得的乳癌有關。一般來說我不會這麼緊張，可是上一次的這類手術（三個月前）差點要了我的命。人家都說我瘋了才會回診，他們的醫療失誤差點把我害死，可是這位外科醫生極有名望，而且那次失誤的責任在麻醉護理師，不是他。然而，我還是很害怕可能會發生什麼狀況……怕這回過不了關。

在這次探訪前，我便已打算讓凱薩琳知道，接下來一週我將無法和以前一樣按時前來，但我並不想透露原因。我裝出輕鬆的口吻告訴她，我將在明早接受門診治療。「沒什麼好擔心的。」我手一揮說。她仔細打量著我，我知道她不相信我的故作淡然。她從輪椅上湊過來，用那隻正常的眼睛緊盯著我。那感覺就像逃犯突然被探照燈鎖定，我在她的注視下開始坐立難安了起來。

「欸，等一下。」她用一種既關切又嚴肅的語氣說：「情況還好吧？」

知道自己非說清楚不可，我告訴她這次手術的事，以及我害怕的原因。我們因為同樣經歷過乳癌的煎熬而建立了深厚情誼，我感覺得到她立刻以過來人的身分對我流露出關懷。聊著聊著，她不再是那個坐輪椅的八十五歲病患，她是我的聰慧密友，集母親、祖母、姊姊和朋友的愛於一身。她不發一語地專注聆聽著。我知道她全聽進去了，無論是我說了還是沒說的。她像隻就要展翅高飛的渡鴉那樣看著我，頭偏向一邊，黑亮的右眼讓人想起夜空。

「妳不會有事的。」最後她說，語氣強烈。我被她的斷然說法嚇一跳，同時沉默下來。那感覺就像突然聽見森林裡樹枝「啪」一聲折斷的聲響，遂在小徑上停下腳步。你停下來聆聽，不敢動一下。「妳不會有事的。」她又說，這次柔和了點。這不是客套話。她的語氣中沒有一絲迎合或否定，就好像沒領會我的恐懼究竟是為了什麼。她沒有輕蔑的意思，她的話感覺像是官方文告。她宣布我會沒事，我**就會**沒事，彷彿沒有其他選擇。她敲下議事槌，將我從憂慮的牢獄中解放出來。為什麼？**因為我不會有事**。

我謝謝她的鼓勵，然後試圖把話題轉回她身上，可是她不領情。抬起一根枯瘦的手指，她說：「等等，我有東西要給妳。」我還沒來得及表示反對，她已經轉身，推著輪椅到她的桌子前。這對她來說可不是輕鬆的事。

她在輪椅上弓著身子，彷彿迎面對抗著強風。

「妳也知道，我不能拿妳的東西。」我對著她嬌小蜷曲的背影說。她手一揮制止我，要我安靜。「待著別動。」她越過肩頭說。到了桌前，凱薩琳開始小心翼翼逐一拿起、移動上面的物品——信件、書籍、一幀聖像裝框照片。「有啦。」她找出一只木質小珠寶盒來。儘管她打開蓋子時沒有音樂響起，我感覺有神祕寶物的旋律從盒內流出。她輕輕在裡頭翻找著，接著臉上露出燦笑。「就這個。」她說，將一樣小東西握在手心。

我走向她，意識到同樣的這段距離我走得有多輕鬆。沒有逆風，毫不吃力，然而凱薩琳散發的精神力量卻讓我的體力優勢相形失色。感嘆自己的沒用，我在她身邊蹲下。

「我要給妳的東西極為神聖。」她輕聲說，用兜起的雙手小心比劃著。感覺幾乎像是她正握著一隻蜂鳥或蝴蝶，手一張開就會翩然飛走。她彎下身，她的臉和我的只有幾吋距離。「我不只把它從耶路撒冷帶回來，還曾經把它放在聖墓教堂（Holy Sepulchre），耶穌墳墓上。」

「凱——」我正要表示反對，可是話才出口，她已經鬆開雙手，露出一只頂多只有兩吋長的銀質小十字架。它的頂端連著一個寶石造型、帶有金色流蘇的深紅色小襯墊。我為之屏息——並非因為這是我見過最美麗的東西，而是因為它所散發的強大能量。

「我不能接受，凱薩琳。」我鄭重聲明。

「噢，妳一定要收下。」她堅定地答道，把它塞進我手裡。「我不想吵架。」

「太美了，」我對她說：「這東西實在美極了——而且神奇，我感覺得到它發出的神聖顫動……可是凱薩琳，我不能收妳這禮物，真的不行。妳何不握著它為我禱告，或者我現在就握住它幾分鐘，蒙受它的庇佑。」

我閉上眼睛，照著我看凱薩琳做過的，雙手捧著十字架。我感覺手漸漸暖和起來。我凝聚整副心神，接收著它的祝福，連同凱薩琳的。接著我睜開眼睛，將十字架還給她，可是她擋住我的手。

「我要妳明白，這只十字架不光是從耶路撒冷來，也不光是沾過耶穌的墓，它也是受過祝禱的。我把十字架放在墳墓上時，正巧有三位修道士經過。於是我請他們為它祈福，他們也答應了。所以，要知道，這十字架受過三重祝福，非常、非常神聖。」

我再度表達，她要把它給我，我真的打從心底感動，但是我不收她禮物的決心絕不動搖。我們進行著意志力的戰爭，一場諧趣的十字架逆向拔河。她堅持我收下，我執意婉拒。最後，我說：「我們妥協一下吧？我帶十字架進手術室，手術完了就把它還給妳。這樣的話，以後妳還可以和其他需要的人分享它。很不幸，」我繼續說，「我們一生中總免不了會遇見一些需要多一點祝福的人。」

瞇眼看著我，她似乎認真斟酌著這話。然後她說：「好吧，一言為定。」

「一言為定。」我安下心來笑著回答，給了她一個擁抱。

然而，當我鬆開懷抱，她不肯放我走，反而擁得更緊，開始熱烈地輕聲禱告起來。她的臉頰緊貼著我的，溫暖的氣息吐在我耳邊。我詫異於她的擁抱力道之強大。她緊緊摟著我，彷彿怕我在她結束前溜走。她的禱詞有如河水般流動著，不知為何我腦中浮現聖母領報（The Annunciation of Mary）時，聖子降孕的喜訊淙淙湧入她耳中的畫面。凱薩琳的話同樣淙淙湧動著，彷彿從神那兒傳來。她為我的平安祈禱，為我的健康祈禱，請求天使圍繞保護我。她語氣中有股堅持和熱切。當她終於停止，我也開始禱告。我向凱薩琳致謝，感謝她的友誼和她的智慧、她的祈福和她的慈悲。我也請求上帝在她人生旅程的這最後一段扶持著她。她又禱告了一段，我們的身體纏繞著，我跪在地上，她坐在輪椅裡。

當她放開我，淚水滾落我的臉頰。她看來累極了，彷彿耗盡了全部精力。

「妳太令我感動了，凱薩琳。」我抹著眼淚說：「我原本是來幫妳的呀。」

「不，妹子，」她搖頭答說：「我們生來就該彼此幫忙。而且要記住，」她繼續用沙啞的聲音說，「耶穌基督在背後撐著妳。聽見沒？耶穌基督永遠在背後撐著妳，只管全心全意相信祂，一切就會順順利利的。就是這個（十字架）支撐我到現在——它也會支撐妳的。」

凱薩琳說完這話，我發現她顯得格外瘦小、蒼白，整個人倒在椅子裡。當我溫和地提起她看來很疲倦，她也承認，說：「是啊，也許我該躺下來了。」聽見這話，她的看護輕手輕腳走過來，將輪椅朝病房推去。

我站在那裡看著，直到她們消失。然後我轉身離去，帶著滿口袋的神聖。

心靈的女兒

對我來說，下午三、四點坐在安寧牧師辦公桌前是相當罕見的。平常的這個時段，我多半在社區裡到處探訪病患。可是為了一個我記不得的理由——也許是某個病患臨時取消見面，或者我剛開完會回來——總之，電話響時我正好在我的辦公室小隔間裡。我注意到那是從醫院轉過來的。我接聽時，電話那頭傳來的聲音非常輕柔、略顯不安，而且顯然是個年輕女孩。「我想參加喪親團體。」她說，最後一個字聲調上揚，聽起來比較像疑問而不像聲明。

「好——的。」我緩緩回答，本能地向前傾，努力想收聽清楚這突如其來的頻率。我對電話彼端的悲傷聲音太熟悉了，可是這個細小的聲音讓我大感意外。「能不能告訴我，妳悼念的是誰呢？」

「我媽。」女孩說，喉嚨裡漲滿淚水。

兩個字輕輕砰一聲落在我胸口。感覺就像被一顆踢得巧妙的足球命中，或者冷不防被戴了絲絨手套的手擊中。我猛吸一口氣，穩住自己，準備迎接肯定會到來的刺痛……然後我盡可能小聲地吁了口大氣。

「親愛的，妳幾歲？」

「十四歲。」

噢，老天，我心想。「妳母親是什麼時候過世的？」

「三年前。」她說，毫不掩飾自己的心碎。

我的腦子首先跳到比較實際的問題。我目前主持的喪親團體是為喪偶或失去伴侶的人舉行的，我想應該沒有六十五歲以下的人參加。儘管成員都是非常棒的人，這個團體顯然不適合這個年輕女孩。

「這個嘛，」我說，「我很高興妳來電話，妳真的非常勇敢——不過目前我推動的團體實在不太適合妳參加。妳有沒有其他家人或誰可以協助妳？」我不想妄加猜測她的現狀。

「有我爸。」她以甜美悅耳的聲音說。「我們是三胞胎家庭。」

三胞胎。影像和記憶在我腦中閃過，有如吃角子老虎機的櫻桃和檸檬圖案快速旋轉著。當它們停下，小鈴鐺「叮」一聲響起，我逐漸領悟，我或許知道這女孩是誰家的孩子了。有多少生了三胞胎的家庭是住在開車可以到達醫院的地方，我推測著，尤其是死了母親的三胞胎？

「妳家是三胞胎家庭？哇……妳是不是還有一個姊姊？」

「對。」她吸著鼻子。

「她叫妮亞芙？」

「對……」

我頓了一下，斟酌著字句，然後盡可能柔聲地說：「親愛的，我認得妳母親。」

我在接到這通電話的大約十二年前遇見索嘉的母親。那是一個晴朗的八月天，我和我兒子亞歷克斯到當地小學的附設幼兒園去參加開學日適應活動。慵懶的微風流過樹端，將我們頭頂的葉子變成無數閃爍的小鈴鼓。亞歷克斯牽著我的手，我強烈感覺到，只要我願意，我仍然可以將他一把攬入懷裡。如果我那麼做，他那雙強壯的蟋蟀腿將會盤在我腰際，而他的兩隻手將會繞到我頸後緊緊抱住。隨著入學的日子一天天接近，這樣的時刻肯定也將成為過去。也許這是我對這天的記憶特別清晰的原因之一。我想抓住每個影像，好記住天空的顏色、他雙手的觸感、一路上他漂亮的金髮微微飄動的模樣。

索嘉的母親珍奈帶著妮亞芙從另一頭走過來。我們在擦身而過之前目光交會，以微笑代替招呼，用母親之間特有的方式進行無聲的溝通。我還記得她那頭深色直髮和濃密的瀏海，爽朗的笑容，還有她的裝扮，顯示她可能是職業婦女而不是家庭主婦。我們一起走進校舍，兩個五歲孩子害羞地緊抓著我們的手，不久發現我們的孩子被編派到同一班。我們並肩坐下，彼此自我介紹後才將注意力轉向教師。

說來奇怪，不過這天我唯一留下印象的就只有珍奈，儘管在那之後我很少見到她。她是紐約市極受敬重的成功建築師，經常工作超時，平常很難在接送孩子的例行時段見到她。之後的幾年，我也和其他母親建立了友善關係，肯定也曾經在開學日和她們一起坐在教室裡。奇怪的是，其他人的初次招呼我都不記得了……可是我記得珍奈的，即使經過多年。

另一方面，索嘉的父親卻因為經常拖著三個小蘿蔔頭護送妮亞芙上下學，成了十分常見的人物。他的身材高瘦，安靜而羞澀，有著親切的眼神和輕快的愛爾蘭腔。由於珍奈工作繁忙，白天由他在家陪伴三個小孩。跟前跟後地照料三胞胎肯定是個大工程，但他總是不慌不忙。對於那些當他帶著身穿安全吊帶的孩子們走在街上偶爾會遇上的好奇目光，他也只是點頭微笑。

如今，三個黃毛丫頭中的一個已經長成了少女，而這會兒她正在電話那頭哭泣。我閉上眼睛，試圖回想三胞胎的明確長相，好奇我是否能夠把索嘉和她的兩個兄弟區別開來，可是印象太模糊了。他們好動得不得了，又都穿著連身裝，成天嬉笑打鬧的三人組，對於自己誕生的獨特性一無所知。我不知道他們的名字，對我來說他們就只是「三胞胎」，再來就是妮亞芙的小弟小妹。

那初次的招呼經過將近九年之後，我聽說珍奈過世了。不是八月，而是六月。不是學年的開始，當時學期正到了尾聲。那個特別的上午，我帶著我的幾隻狗到公園享受片刻寧靜，一個母親向我走來，臉色凝重，眼睛散播出噩耗。她就像會走路的山頂狼煙。一個眼神，我就知道事情不妙了。「妳聽說了沒？」她問，那語氣道盡了一切。沒等我回答，她衝口說出：「妮亞芙的媽，珍奈，死了。」

儘管我和珍奈幾乎只在那個開學日有過接觸，我還是免不了心一沉。從幼兒園開始，亞歷克斯和妮亞芙幾乎每堂課都在一起，如今都快中學畢業了。不用說，我對這消息感到震驚，由於它那無可避免的震盪和無可彌補的性質等等——同時也感到忐忑不安。珍奈曾經存在，如今走了，一個我認得但又不認識的人。接下來幾天，社區居民集合起來，捐贈食物，致上卡片鮮花，伸出援手。然而，再大的善意都修補不了這個家出現的巨大裂口。

學年的結束開啟了夏季的門扉，孩子們湧入社區，有如一群群到處遊蕩的快活小狗。除了穿棒球制服和夾腳拖的孩子，我偶爾也會看見妮亞芙騎著單車從街上經過，或者在當地披薩店吃東西。她有一張難以讀出心思的甜美夢幻臉孔。每次我問亞歷克斯，他覺得妮亞芙對失去母親的日子適應得如何，他總是聳聳肩，說她看起來還好。我不確定該如何和妮亞芙的父親連繫，怕打擾了他，但是我常向和他們親近的人打聽他們的狀況。回想起來，真希望當時我更積極些。

這麼說有點奇怪，不過當時我經常從妮亞芙的角度思考珍奈的死，部分是因為那初次見面留下的回憶，部分是因為，儘管多年來我看著妮亞芙長大，三胞胎在我腦子裡始終是圓滾滾的奶娃。

可是這會兒來電的卻不是妮亞芙，而是三胞胎之一的索嘉。而她根本不知道她這通電話是打給了**我**。這女孩從學校的更衣室打電話到當地醫院詢問喪親團體。她哪來的勇氣這麼做，我大概永遠不會知道。知道她是誰並且讓她了解目前團體的狀況之後，我提議我們在她放學後一起散步聊聊。我知道她住在哪一條街，會從哪個方向過來，因此我們決定從各自的家出發，然後在中途會合。

「我會帶我的巴哥犬柴斯特一起去，」我對她說，「好讓妳認出我來。」

當柴斯特和我上路後，我儘量不去煩惱該和索嘉說些什麼。我**能**說什麼呢？我為她難過，就像為所有失去父母的孩子難過是一樣的。我想起父親九歲那年失去他的母親，心中留下的裂口。接下來的人生當中，他始終戴著一只在我感覺像是裝滿淚水的小絲綢包的東西，貼在他的胸口。他死後，再也不必戴著它。我想像它的繫繩鬆解開來，從他頸間滑落。當囊袋打開，淚水不見了，它們被重新吸回了天國。我常希望他小時候有人在身邊扶持，或者我能找到方法減輕他的傷痛。也許這是為什麼索嘉的來電會如此令我動容。這哀傷是那麼熟悉。以前沒能修復彌補，並不表示現在沒辦法抒解。

就這樣，我們的路線交會了，一如我和索嘉的母親初次相遇的情景。這次，朝我走來的是一個窈窕瘦長的少女。不再是難以分辨的學步娃兒，索嘉有著驚人的美貌、一頭棕栗色長髮和大海般的碧藍色眼眸。我們一起走向公園，我得知她母親死訊的同一座公園，然後我們在一處面海的山丘上坐下。說話時，索嘉一邊心不在焉拔起一撮撮雜草，讓它們隨意散落成一堆堆。我猛然想起自己也做過同樣的事，幾乎就在同一個地點，當時我剛被診斷出罹患乳癌，和一個朋友坐著談心。也許是因為地球轉得太快了，我們必須抓牢一點，也或許因為我們是被拔離了根的草兒。總之，這是當我們面對無法改變的事實，讓自己避免尖叫或一頭撞進地表的一種法子。

幾個月過去，我成為少數幾個被索嘉叫做「世間媽媽」（她解釋這是因為她的親生媽媽在天堂）的人，而她願意成為我的「心靈女兒」。我怎麼也想不到日後索嘉將為我的生命帶來何等喜悅，或者身為她的「世間媽媽」之一有多榮幸。一路看著她長成現在這個強壯、深具靈性的年輕女人，實在是莫大的鼓舞。她對意義的熱切探尋，她想要幫助人們重拾健康的渴望，她具有強大適應力的心靈，在在令我汗顏。她正在接受瑜珈導師的訓練，目前已是合格的靈氣治療師，而且依然那麼謙遜、誠懇而踏實。當她和我一起上教堂，她握著我的手，我感覺到和**她的**母親，以及每一個無法握親生母親手的孩子之間的奇妙連繫。不只如此，我還感受到我父親的笑容，就好像他知道我在她手中感覺到他的氣息。同時我充滿了感激，因為發生了其他神祕的事。自從多年前經歷兩次流產之後一直埋藏在我皮膚底層的悲傷也跟著消散了。伴隨著哀傷的是一種潛在意識，覺得自己還得背負更多生育壓力。當時我不懂的是，要盡母職，方法不止一種。

當索嘉準備離家去上大學，我內心的緊張期待完全就像她是我的親生子女。附帶說一句，她的姊姊妮亞芙過得很好。我不常和她見面，但偶爾見到她，她總是滿面笑容，而我也再度見到她在那個八月天掛在她母親臂膀上轉圈子的情景。另一位母親是**她的**靈藥——一位住在附近、在一場重大車禍中失去獨子的女人。於是，我們再一次找到了彼此。我比任何時候都更加深信，上帝不會讓不幸發生在我們身上，而只會引領我們找到慰藉和療癒。

「你們祈求，就給你們；尋找，就尋見；叩門，就給你們開門。」[16]《馬太福音》第七章第7節這麼告訴我們。也許關鍵就在對禱告得到回應

---

16 新國際版聖經。

的所有神奇管道保持開放。上帝似乎並沒有回應索嘉的禱告，讓她母親的病好起來，可是上帝引導她找到其他樂意並且能夠當她母親的有心人。同樣地，我不認為我注定要流產，以便能愛索嘉，可是索嘉的出現讓我能夠享有源源不絕的愛。有些人會說，那天索嘉的電話轉給了我而我剛好在那裡接聽，完全是運氣，但我不這麼想。她母親和我相遇時，兩人同樣一手牽著小孩，另一手則為對方而張開。而祕密，就藏在那隻張開的手之中。

天鵝的降服

在我敲波麗的門之前，我就知道她已經死了。當我沿著繁忙的街道開車，經過嬉鬧的孩童、為生活四處奔波的人們，前往她的住處時，我就已經知道了。外頭的世界沉浸在時間之中，而時間也繼續向前奔流，不受各種人類活動的阻撓，對我們的喜怒哀樂無動於衷。我開車時沒聽廣播，也沒有打手機，只是想著她，還有我們最後一次的談話。當我把車停妥，走上她住的公寓大樓的門前石階，死亡有如老友伴隨著我。它走在我身邊，將包覆著銀袖子的手臂搭在我肩上，在我耳邊低語，**勇敢些，沒事的**。

當我踏入這棟漂亮的戰前建築，我的腳踏在玄關深色大理石地板上的聲響微微起了回音。當大門在我身後關上，外頭的喧鬧吵嚷一下子消音。我開始感覺到我的心臟在皮膚表層底下輕柔、穩定地怦怦跳動，感覺到自己的呼吸循環毫不費力地流過肺部。當我走上樓梯，我的手指滑過冰涼的粉刷牆面，吸取著這棟建物的力量。每次我來探訪，總會想到這座堡壘可以提供保護或禁錮、安全或隔絕，全得看居住者是誰。然而，這天它顯得格外超然、空蕩，有如一座陵墓。

站在走廊裡，我靜下來吁了口氣，在沉重的公寓門上輕輕叩兩下，然後走了進去。當我跨過門檻，大片死寂將我包圍，瞬間流過我的身體，證實了我已經知道的事。波麗幾個女兒當中的一位——四十歲左右的高大金髮女子——帶著舞者般的輕盈優雅朝我走來。她淡淡一笑，眼裡泛著水光，嘴唇微微顫動，但舉止十分鎮定。「很高興妳來了。」她細聲說，張開臂膀擁抱我。「請過來，我姊姊在裡頭陪著母親。」

我們通過一條昏暗的長走廊，走進起居室的夕陽餘暉中。裡頭非常安靜，安置著死者的房間特有的那種寧靜。感覺有如走入畫中。波麗的長女凱瑟琳坐在她母親的病榻邊。她抬頭看我，點頭表示招呼。我沒說話，彎下身來擁抱她，然後站著，一手放在她肩頭，兩人注視著躺在床上那個動也不動的纖弱人形。

「妳還好嗎？」幾分鐘後，我問她。傻問題——雖說是好意——但總得起個頭。

「還好。」她回答，聲音平穩，聽起來相當真誠。「媽早就準備好要走了。有很長一段時間她一直不明白自己為何還活著……不過最後她很平靜，只是呼吸漸漸慢下來，最後終於停了。」

我走到床的另一側，在凱瑟琳對面的椅子坐下。波麗躺在我們之間的醫院病床上，床面對著一扇俯瞰高爾夫球場的大窗戶。這張床已成為這間雅致的鑲板牆面起居室的重點家具，把那臺舊三角鋼琴擠到一邊，如今鋼琴只好像個莊嚴的女管家那般立在牆角。房內到處擺著一瓶瓶鳶尾花和黃色鬱金香，讓沉重的板牆變得柔和，一個四〇年代女歌手的飄渺嗓音從CD播放器流瀉而出，使得這已經充斥著舊事物的公寓更添幾分惆悵氣氛。

我看著波麗，她的光滑皮膚、她的臉龐——如今已僵硬如石。也許我想尋找些許她已經歸於寧靜的跡象。倒不是說她這一生多波折，只是她對自己的過往深感懊悔，尤其是她的五個孩子長大成人後的那幾年。她是最近才慢慢康復的酗酒者。我們曾經在聊天時蜻蜓點水地提起這個問題，可是她並不真的想接受治療。也許她怕無論什麼都無法將她從罪惡感和羞愧裡解救出來。於是她將怒氣轉移到上帝、轉移到教堂。這種事為何會發生在她身上？是上帝在懲罰她？為什麼她的牧師找不到方法可以撫慰她？為什麼沒人可以給她的**為什麼**一個像樣的答案？當她越來越困惑，她似乎忘了究竟是什麼讓她這麼困擾。這股憤怒轉換成感嘆自己為何還活著的悲傷，而她自覺遲遲無法「撒手」的無力感也成為新的羞愧源頭。死為何這麼難？她不解。上帝是否忘了她？或者**死不了**算是她最新的挫敗？每次我來看她，她總是熱切望著我，眼巴巴哀求我透露我顯然暗藏著的祕密。而每次離開，我知道自己又讓她失望了。

「希望妳找到了平靜，波麗。」我對著那隔絕了生與死的奇特空間說。凱瑟琳撫平波麗的頭髮，摩挲著她的臂膀。接著，她倚在病床柵欄上，牽起她母親癱軟的手，將它舉到自己唇邊。敘述著最後幾小時發生的大小事時，凱瑟琳心不在焉地將母親的手放在自己雙手之間輕輕地翻來覆去，一邊憐愛地凝視著那褪去的美麗容顏。波麗的手還有餘溫，也還柔軟，但血色正逐漸枯竭，在傍晚的夕照中靜靜流失。最後，懸在凱瑟琳的修長手指之間，波麗的手腕、手和手臂彷彿軟化成一隻優雅天鵝的形狀。

生前，波麗非常難以忍受和子女間的親密接觸。她這人不輕易流露情感，也不常把「我愛你」掛在嘴上。可是當她的腦子開始長出腫瘤，身體也越來越弱，她似乎漸漸有了改變。她容許子女餵她進食，碰觸她、親吻她。她經常對他們說她愛他們，將那道為了保護她免於親密關係而高築起來的屏障拋在腦後。類似療癒的狀況發生了。當她「腦筋清楚」的時候，她無論如何都不肯原諒自己的所謂罪惡，也無法接受上帝原諒她的這個想法。不管我或其他人怎麼努力幫她，似乎總減輕不了她的罪咎。直到疾病將她徹底擊垮，死亡近在眼前，她變得比較恍惚但也比較不那麼痛苦，比較虛弱但也比較不那麼暴躁不安。

而今，全然卸除了防衛，她的力量和美汩汩滲出了表面。緊繃的額頭舒緩了，嚴厲的嘴角和下巴放鬆了。她的兩個女兒像神廟祭司那樣在屋內走動，輕盈而恭敬。她們輪流離開房間，然後又繞回來，碰觸那給了她們生命的聖石。她們母親的最後一口氣，最後一絲流過她體內的存活氣息，仍然在屋內流連不去。波麗還真真實實地存在於她們呼吸的空氣裡。她們將她吸入她們的細胞，將她的神祕元素和自己的生命結構交織在一起。也許她們從不曾真正了解她們的母親，直到這一刻，直到她完全屈服——屈服於她們，屈服於神，屈服於一個事實：唯一阻礙我們體驗寧靜和喜悅的就只是我們的幻覺。在死亡中，波麗卸下了面具，露出了真面目。而埋藏在性格、肉體、血液和生命經驗的破碎瓦礫底下的，是長久以來活在她們母親的有限肉體內的靈魂。她的兩個女兒似乎也體認到這點——她們感覺得到她的愛，而且也能比較完滿地回報她的愛。

我喜歡把它想成波麗死前曾經有那麼一瞬間認知到了這點。我想像，在最後一口氣和意識消失之間的剎那停頓中，波麗愉悅地被一直存在那裡的愛和寬恕嚇一跳，甚至嚇傻。然而，要是她確曾有過「原來如此」的瞬間，她倒是深藏不露，因為她始終保持獅身人面像般的謎樣表情。

接下來的幾個月，我認真思考波麗的最後身影。我在腦子裡看見她，看見她抬起手臂的優雅S型，從手指往手肘流動的曲線，不明白自己至今仍然拚命想從她身上領悟的究竟是什麼。也許我想挖掘出她受苦的真正原因，就好像這麼做，我便可以回到過去，好好協助她。也可能是她那蒙娜麗莎般的臉龐依然令我著迷。上帝有沒有召喚她？她是否找到了寧靜？解開這些問題的線索，似乎就藏在她那隻屈服臂膀的隱密信息之中。

對生命、愛、死亡、奧義屈服，是什麼意思？在某種意義上，這些東西是一體的，是一樣的。它們是一只持續滾動的巨輪的一部分，為心靈滋長、新的諒解以及和神連結的體驗提供機會。波麗的靈魂是否轉化成了她的天鵝本質，我無從得知——可是她的女兒們確實有了變化。目睹那過程真是不可思議。我花了好些年才了解這道理，才了解當時我目睹的不光是波麗的故事，而是一個家庭和新世代的故事。天鵝並不是在波麗死的時候出現的，而是當她的女兒溫柔地將母親的手舉到唇邊的時候。它顯現在這個充滿愛和接納的簡單舉動中，一個超越了過往傷痕的舉動。在女兒抱住母親的瞬間，母親變得聖潔，而美，從寬恕的蛹繭中掙脫了出來。

最後的呼叫

坐在飛機上，額頭靠著舷窗，手支下巴，看著底下的一群地面機務人員工作。他們拿著發光的橘色指揮棒，揮舞著信號，各自在即將起飛的長了翅膀的巨獸前方立定就位。夜色在暴風雨中降臨，遠方偶爾劈下一道閃電，感覺像是有人在別的房間把燈關了又打開。我坐在正對機艙門的前排位子，可以輕易看見人們走過停機坪。這是小飛機、小機場，旅客必須從地面登機。大風颳起，吹拂著女人們的夏季短裙，為這原本平常的程序增添幾分紊亂和危險。有如溫馴服從的畜群，所有人都遵從著指示。他們從其他飛機走過，規矩地排隊，讓拿著橘色指揮棒的牧羊人引導他們前進。從我隱密的座位上，我心不在焉觀察著登機的旅客——一對帶著兩個孩子的年輕夫妻、幾個男女業務員、兩個大學生年紀的女孩——意識到我們即將成為一起飛越長空、難以識別的貨物，彼此的命運緊緊相繫，起碼接下來的兩小時是如此。

我本來不該在這班飛機上的。光是這個事實便讓我惶惶不安。九一一紀念日的接近使得我潛在的飛行恐懼更加惡化擴大。經過多年，太多我在世貿災變現場擔任停屍間牧師期間目睹的可怖畫面還殘留在我腦海，那些充滿命定和巧合的故事仍然縈繞不去。許多人逃過一劫，因為他們決定休一天假或者改搭晚幾班的火車。有些人因為塞車被耽誤，或者在家陪生病的孩子。類似的故事太多了。一個男子錯過了班機，一個女人剛好出去買咖啡，另一個在那個晴朗早晨的陽光下多逗留了一會兒——單純的隨機行為命定似地救了他們一命。另一方面，有些不該在那天出現在世貿中心或搭上飛機的人死了。有些人臨時決定去參加開會，或者從雙子大樓的世界之窗欣賞美景。其他人就只是像平常的工作日早晨那樣，親吻孩子然後離開家門去上班。若要認真思考運氣或命運——隨個人的觀察角度而異——

是會把人逼瘋的。那些倖免於悲劇、那些中了宇宙大樂透的人往往會說：「事出必有因。」例如：「那天早上我的車子爆胎就是為了讓我逃過死劫」，或者「一定是上帝阻止我登上那班飛機」。可是對那些不幸者來說，這種命運全憑神安排的想法就像打在臉上的一巴掌，就好像說運氣是專屬於那些存活者的一種殘酷奢侈品。無論如何，留在我們心中的盡是永無止盡的**如果呢？**

坐在飛機上，我儘量不去鑽牛角尖，可是……可以這麼說，惡劣的天候和怪異的環境條件已經把猛獸放出了籠子。再怎麼鎮定自己和禱告都擋不住我的胡思亂想，眼看就要被恐慌襲擊。理智上，我知道自己只是庸人自擾，但就是控制不了。我的丈夫和孩子們已經搭上較早的班機，正在從紐約飛往明尼蘇達州杜魯斯的途中，準備和一票親戚一起搭遊艇周遊大湖區。望著窗外，我想像他們正在雷聲隆隆而且毫無保障的無垠天際的某處。他們正往西行，追逐著太陽，進入但願是較為晴朗的空域，遠離這場險惡的暴風雨。我閉上眼睛片刻，想像他們一起旅行的情景，然後默念了一段祈禱文。

要是我不該搭上這班飛機呢？恐懼在我腦中迴盪，我自己內在的雷響讓我的心跳加快了一點。**也許我會就這樣死掉。**另一方面，我又想，**要是我本來就該搭上這班飛機呢？也許我注定要到杜魯斯，保護我的某個孩子免於遭到不測。也許我會說「真慶幸我順從天意跑了來」**。與我們無法控制的一切相比，認為自己最終能主宰命運的想法未免顯得荒謬，然而我們還是不放棄，妄想和宇宙天理鬥智。

我選擇搭較晚班機的理由有一籮筐，不過唯一可以理直氣壯說出來的是，我家的貓已經失蹤三天。如果你愛動物，而且了解那種把寵物當家人的感覺，那麼你就會明白我絕不可能在我們的獨眼貓咪艾利流浪在外，也許受傷、死了或者被困在某處挨餓受凍的情況下，離家八天之久。

當然，這理由一點不假，但是我對這次旅行的態度打從一開始就搖擺不定也是事實。過去九個月簡直就如噩夢一場。我都還沒從癌症的衝擊中恢復過來，我的哥哥卻死了，加上一個和我親如母女的少女面臨了一場對她的健康和精神造成巨大損害的重病。她受的折磨真是難以想像，對她自己是如此，對她的家人，以及對我這個身為她的支柱、知己的人又何嘗不是。我好想把它吸出來，從她那裡接收過來，讓它滲入我的身體，好讓她能脫離痛苦。我像一頭狂亂的野獸，不停嚎叫、咆哮、踱來踱去，想要保護我的幼獸，而她就是那隻掉入陷阱、害怕極了的幼獸。她把苦悶發洩在我及她最親近的人身上，彷彿她的病痛是我們的錯，彷彿是我們為她招來的。多數時候，她也知道責怪別人很不理性且不公道，可是情況嚴重的時候，這已經無所謂了。重要的是，它已經發生了，而我卻怎樣也無力改變事情的發展，無論我有多拚命。那感覺就像企圖用雙手擊退龍捲風。

當旅行預定日越來越近，我有一種無論在精神或情感上都被榨乾的感覺。我丈夫和我討論過，也許我該留在家裡，利用這一週時間好好休息充電、寫作和反思，可是我無法想像孩子們需要我時卻找不到我。在我情緒低落的時候，他們也吃了不少苦頭，況且他們也很期待全家人在一起。我**怎麼可以**留在家裡？這種期待似乎很任性而且自私。

當艾利在我們出發前三天突然失蹤，我四處又喊又找了半天——尤其在我們家後面的沼澤——接著開始思索這件事可能和這次旅行有關聯。我尋找著堂皇的理由。貓的脫逃是否剛好讓我能夠大大方方地退出這次旅行？我心中那個喜歡凡事深究、在生命的各種轉折變化當中探索意義和指引的部分，認為答案也許是：**是的**。是的，我應當待在家裡養精蓄銳。是的，我應當在飽受疾病等問題帶來的悲傷絕望、緊張憂慮的折騰之後休養一陣子。是的，這兩個字就像吐了口大氣，而我已經憋氣太久了。

在出發的前夕，也就是艾利失蹤整整三天的那個晚上，我忙著在附近鄰居的信箱投擲「尋貓」啟示傳單。我到處奔走，一邊叫喊艾利的名字，不敢奢望能有結果。但是突然間，一聲微弱的「喵」回應了我的叫喚。聽見那聲音，我的心一緊。我再度呼喊，然後循著聲音走過去。就在我們鄰居家附近的沼澤邊緣，我瞥見一隻貓懶洋洋地躺在一堆落葉柄上曬太陽。艾利回頭看，那樣子相當安心而且似乎沒受什麼傷害，牠用那隻正常的眼睛朝我眨了眨，輕輕喵了幾聲回應我的叫喊。可是當我向前一步，牠立刻爬了起來，鑽進沼澤的高大草叢裡。「艾利！」我大叫，稍嫌急切了點，沒能讓聲音保持冷靜平和。我丟下那疊印有牠照片的傳單，讓它們散落在沼澤裡。當它們翻滾著飛走，看來就像舊西部時代的「懸賞」海報，獨眼逃犯艾利的大特寫無比惹眼。

「貓咪過來……艾利！」我試圖跟過去，可是沼澤的雜草起碼有八呎高，長得正旺盛，濃密、強韌得不得了。它們充滿生氣，像奇特的小衛兵攔住我的去路，阻止我前進。我不相信在草叢裡尋找艾利會有多困難。我在草堆裡慌張地亂揮亂打，可是沒有用，牠跑走了。接下來五個小時我乾坐在之前瞥見牠的位置附近，不斷呼喚牠的名字，心中交雜著沮喪和氣憤。起初我難以相信竟然找到了牠，在那兒坐了幾小時之後，我難以相信牠竟然不理我。

發現艾利也使得這次旅行的決策過程整個被打亂。牠不只還活著，而且就在附近。這下沒先把牠帶回家，我就更難出遠門了。「牠或許真的很害怕。」我對丈夫說：「也許明天我可以改搭晚一點的班機，這樣我就又多了點時間去帶牠回來。」

隔天早晨，七點不到，我的丈夫和孩子準備出門時，孩子們一臉的難以置信和失望。「妳會來吧，媽咪？」（他們需要我的時候還會叫「媽咪」，生我氣的時候就變成「媽」了。）

「會的，」我對他們說，「我保證一定會。」

我目送他們的車子消失在街頭，然後跑到後院，開始呼喚艾利。鄰居們的幾扇窗戶有如好管閒事的哨兵包夾著我家後院。我抬頭瞄了一下，希望沒人會因為我一大早就大呼小叫而感到惱怒。可是我只聽見沼澤草叢的窸窣聲響，以及偶爾有小樹枝掉落發出的喀嚓聲。

這片沼澤若非住著幽靈，就是它本身是活的。不時有「啪」的折斷聲或沙沙聲從看不見的地方傳出，在大片隨著微風催眠般搖曳款擺的厚重遮簾後方藏著祕密，而微風似乎沒有歇止的時候，搖晃著蘆葦尖，吹得它們像千百隻小手閃爍揮舞著，壓下了底層可能發出的任何聲響。有好幾次我以為我聽見艾利悄悄朝我爬過來。下層的草叢會嘎吱嘎吱響一陣子，然後安靜下來。我會拉長耳朵，拚命想從大片空曠之中吸取聲音，弄得自己感覺像要被寂靜淹沒，或者被突來的草浪聲嚇得倒抽一口冷氣。聲音和寂靜的起伏消長開始有了自己的節奏。我像石頭那樣坐著不動，體內的土狼嗅著微風，全身細胞高度警戒著。我能感覺艾利靠近，接著牠的存在又隨著草浪聲消退。當聲音再度嘩啦湧來，伴隨的只有一聲鳥鳴或一陣陣的蘆葦颯颯聲。

我坐在後院籬笆——用來隔離沼澤——邊緣，一邊聆聽動靜，一邊呼喊。我想著孩子們。要是我決定待在家裡，他們會不會認為我把一隻動物的需求擺在他們的需求前面，覺得我把艾利看得比他們重要？我想像幾年後他們躺在卡通心理輔導師的沙發上，說著：「自從我發現我媽愛她的貓勝過愛我之後……」想到這裡我忍不住畏縮了一下。接著我開始生起艾利的氣來。我越來越覺得牠拒絕從沼澤出來是故意的。牠明知道家在哪裡，也聽見我在叫牠，為什麼就是不肯過來？

到了十點左右，電話響了。飛往杜魯斯的班機延誤了，拖了大約一小時後，班機取消了。不用說，這引發了小小的旅行驚慌。每個旅客都急著搶下一個從紐約飛往同一方向的航班——或者隨便哪個航班——的座位。我的家人就處在這場混亂當中，還不確定要搭哪一班飛機。**果然**，我心想，**我不去了，反正也訂不到航班**。為了保險起見，我打電話到航空公司。出乎我意料，電話那頭的小姐不只替我重新劃位，還告知我，由於之前我訂的航班被取消，更改座位不須額外收費。我一下子被丟回曖昧不明的狀態。**好吧，這確實表示我應該去。艾利，你只好自求多福了。**

我訂了機票，掛上電話，深吸了口氣。我環顧了一圈，突然明白自己完全沒有準備要出門，我一開始就沒打算要去，早在艾利溜出去之前就如此。屋內好寧靜——如今我就要去參加家庭乘船遊覽，再也體會不到這種寧靜。這也是四年來的第一次全家旅行。我可以說這是因為旅費的關係，我也可以說這是因為總得有人留在家裡照料我們的寶貝寵物，或者我丈夫帶孩子們去旅行是為了讓我可以安心寫作。表面上這都說得過去，也的確都有幾分道理，但都不是問題的核心。我留在家裡是因為我需要空間——思考、寫作的空間，沒錯，但也需要空間去想清楚自己的人生。憂鬱像黴菌占據了我的靈魂，深綠、黏滑、怎麼也甩脫不了的一層青黴。然而我還是得過且過，走過一年又一年，熬過癌症，熬過治療，我以為會因為大病一場而激發的內在變化從來就不曾發生。我裝出一副沒事的樣子，可是黴菌又開始爬上牆了。反正那是我擔心的事。

我沒花多少時間思考，只顧著在屋內跑來跑去，寫冗長的說明給那位同意來照料動物們、打掃屋子的朋友。我在屋外放了些食物和水給艾利，明知道浣熊會比牠搶先一步來報到。我依序進行著，一有空就去巡視一下沼澤。每次開始猶豫是否要出門，我就想起孩子們的臉——他們離家時，以及我想像當他們看見我到了杜魯斯時的模樣。這麼做是對的，我辦得到。我**非**辦到不可。孩子們需要我，而這當然比任何事情都要來得重要。

我打電話給母親，讓她知道目前的狀況，但我早就知道她會怎麼說了——我做了正確的選擇。她在電話那頭的聲音是那麼令人安心寬慰。她知道艾利的事讓我很難過，她知道我離不開他……然而……我必須把家人擺在第一位。**可是我呢？**我很想問。**我怎麼辦？似乎沒人發現我快活不下去了**。

坐在飛機上，所有這些問題在我腦中盤旋。我參加這次旅行是不是在折磨自己？沒錯，就某些方面來說，我知道確實如此。我參加並不是因為我想參加，而是因為我認為這麼做才是對的。為人父母不就這麼回事？把孩子的需求擺在自身需求的前面？不就是犧牲、呵護、鞠躬盡瘁，因為你太愛他們了？這些都是我自然而然就感覺得到的情感。但是我也知道，我死了或者情緒低落或者要死不活，對誰都沒有好處。我同時也得照應好自己的靈魂。就像機上廣播說的：「如果您帶著年幼孩子一起搭機，請先戴上您自己的氧氣面罩。」我總是光注意著要為每個人戴好面罩，卻忽略了自己的，弄得自己缺氧，沒辦法清楚思考。

我從1B座位上傳簡訊給我最要好的朋友：我好慌。我是否做錯了？正在飛往芝加哥的班機上。救命！

她回訊：妳沒做錯。沒事的，妳做了個很棒的決定。愛妳。

我：我也愛妳。我的心好亂。

好友：要有信心。

我：我會試著放下，讓信心成為我的真言。

空服員關上機艙門。我關了手機，掏出一張我出門趕赴機場之前在我女兒凱特房間找到的一張折好的紙條。裡頭是我在紐西蘭的朋友珍妮送她的一首祈求護佑及寧靜的梵文頌歌。凱特說她曾經在一個人長途飛行時靠它來平撫淚水，非常有用。想想她才在幾週前於飛了半個地球遠的飛機上朗誦同樣的詞句，這給了我慰藉和勇氣。於是我開始吟唱。我盡可能有節奏而懇切地念著那些字句，一遍又一遍朗誦，直到發現自己的呼吸平緩下來，心跳也不再劇烈。我祈求著指引和保護，這跟你用哪一種語言無關，**重要的是信心和意念**，我想著。

幸好，當機長透過擴音機廣播時，我的心情已經平靜多了。「各位女士先生，」他用一種冷靜、威嚴的聲音說，「由於芝加哥的暴風雨相當猛烈，看來我們必須在這兒多耽擱一陣子才能起飛了。進出芝加哥機場的所有航班全部暫停。我會設法看能不能得到許可，讓各位下飛機去走動一下。」

話說完，機艙門再度打開來。一股清新溫暖的氣流咻地鑽進來。**逃吧**。會不會我又被賦予了一個選擇、一次機會？雨開始落下。地面上那群拿著橘色棒子的指揮者紛紛拉起帽兜，戴上帽子。風把他們的外套吹得鼓脹起來。幾分鐘後，機長的聲音再度透過廣播系統傳出，說我們可以下飛機，但提醒我們把隨身行李帶著，並且要待在登機門附近。我站了起來，儘量不露出猴急的樣子，然後把我的小行李袋從頭頂置物架拿下來。我有點後悔把大件行李直接托運到杜魯斯，可是我決定不去想它。說到底，那有什麼關係呢？反正我會跟家人一起從那裡搭飛機回來，不是嗎？

我步出機艙門，踏上金屬梯，深吸了口氣。空氣中充滿了為夜晚注入活力和生命的負離子。和機上的空氣比起來，感覺就像走進了純氧裡頭。地面的機務人員揮手要我繼續走。我穩住腳步，因為梯子踏板被雨淋得十分溼滑。但我不需要人家催促，此時我最渴望的莫過於走下這些踏板。當我的雙腳踏上結實的地面，那種暫時獲得緩解，那種被賜予第二次機會的感覺，實在是難以形容。

當我跑進小航廈大樓，裡頭的情況相當混亂。這兒擠滿了等待延誤班機恢復的旅客，還有一些剛到達的人——人類版的連環大車禍。售票櫃檯前已開始出現排隊人龍，顯然我不是唯一擔心會錯過芝加哥轉機航班的旅客。濺了一身雨水的人不斷從敞開的門口湧進來，從我身邊走過。我認出幾個同機的乘客。帶著兩個小男孩的夫婦在評估可行的辦法時顯得相當焦急；那兩個女大學生又跑又笑的，毫不畏懼。我跟著排隊，很擔心必須和登機門的地勤人員互動，因為幾小時前，我才剛到達機場就發現他們不太友善。當時這裡頭非常安靜，我是唯一報到的旅客，還奇怪大家都到哪兒去了。**如果當時他們就那麼粗魯無禮**，我心想，**想想在壓力下他們會如何！**人們講著手機，狂亂地點著小鍵盤傳簡訊或者打開筆電。為了保險起見，每個人似乎都搶著在下一個航班得到位子。

我決定退出隊伍，避開那些毛躁不安的地勤人員，改打電話到航空公司，詢問我是否趕不上芝加哥的轉機。果然，趕不及了。「我可以幫妳排明早從芝加哥出發的第一班飛機，」一個活潑歡快的不知名聲音說：「不過那是飛明尼阿波利斯的，不是杜魯斯，但我最多也只能做到這樣了，妳恐怕得另外想辦法轉到妳的目的地去。」

「好吧，」我小聲嘆口氣，認命地說：「就幫我訂六點十五那班飛機吧。」

結束電話後，我感到胃裡一陣翻攪。我望著敞開的航廈大門。它看來像個黑洞，一個沒有回頭路的無底深淵。我很怕靠得太近的話，會被它吸出航廈大樓。怪得很，片刻前從飛機上看出去，夜晚給人的感覺是那麼溫暖宜人。然而這時一切完全翻轉過來了。我的心臟又開始狂跳，還聽見有人說那架達美航空飛機——我們已經匆匆來回經過它兩次——裡頭的乘客已經在停機坪上枯等了兩個多小時。我想像機上的乘客望著外頭的航廈、外頭的黑夜，好奇他們都在想些什麼。儘管這讓我有那麼點愧疚，但還是很慶幸自己不必受那種罪。

我的頭開始發昏，嘴巴也乾渴起來。我心知肚明，明早按時離開芝加哥，然後在杜魯斯趕上遊艇下水的機率可說是微乎其微。我到底有多渴望參加這次旅行？我到底有多堅定，願意為它付出多少努力？我猜這時候我的家人應該已經在空中，踏上了旅程。我想碰碰運氣，打電話給我丈夫，可是電話轉進了語音信箱。沒別的辦法，我傳簡訊給另一位朋友，把班機延誤的事告訴她。**哎呀！保持好心情**。她回傳。我沒理會她的忠告，改打電話給我母親。

「媽，我整個慌了。天氣很惡劣，我真的很害怕，而且我知道我鐵定趕不上轉機，就算到了芝加哥，我也沒把握明天早上能從那裡準時趕上船班！這裡的夜晚陰森森的，我的心臟怦怦跳個不停。對不起突然打電話給妳，可是我想讓妳知道。」

她的聲音輕柔而篤定。她告訴我勇敢上飛機，到芝加哥去。她向我保證，要是機長覺得有危險，他絕不會飛的，她還保證我絕不會遇上墜機。「不過，話說回來，」她大笑著說，「我不像妳老爸，每次搭飛機總是緊張兮兮的！我只是認為，該來的逃不掉。倒不是說**妳**應該這麼想，因為妳還年輕，孩子們需要妳，不過我相信機長的判斷。儘管上飛機吧，等妳到了芝加哥，自然就知道該怎麼做了。」

「媽！」我大叫。「別叫我上飛機！萬一我出了事，妳會內疚死的。我了解妳——妳會覺得責任在妳，好像是妳強迫我這麼做。我真不該打電話給妳！」聽了這話，我母親又大笑起來。不知怎地，她似乎覺得很有意思，我擔心的竟然是她的感受問題，而不是自己墜機死掉。

接著我媽說（仍然笑個不停）：「你父親在對我大吼，要我叫妳**離那架飛機遠一點！**他不希望妳再上去。可是，就像我說的，他是飛機上的緊張大師！我知道如果換作是他，他也會跟妳現在一樣。他說什麼都不可能回到飛機上，他會等明天一早再說。」

我對她說我愛她，等我有了決定一定會馬上通知她。我們的談話讓我更加不想去。殉難，就是這種我應該為所有人而參加這次旅行的感覺：為了孩子們，為了我的公公（這次旅費由他負擔），為了讓自己表面上看來像個好人、好母親。「我真的覺得孩子們需要妳，」掛電話前，我母親說，「不過，該怎麼做就怎麼做吧。」

重新登機的通知透過含混不清的擴音系統傳出。我們在地面上的時間不知怎地蒸發了，感覺像是被吸入了門外的黑洞。售票櫃檯前還排著一長列擔憂、不耐或氣憤的乘客，可是售票人員沒理他們，這會兒積極想把我們趕出航廈大樓，送我們開心上路，別再煩他們了。周遭的人紛紛收拾行李，倉皇起身，迅速走出大門，接著在劈頭而來的雨彈攻擊下不得不開始小跑步。帶著小孩的夫妻對看一眼，聳聳肩然後各自牽起較近身那個孩子的手。儘管帶了後背包、果汁鋁箔包、書和泰迪熊等大量物品，他們的行動毫不含糊。緩慢但有效率地移動的同時，他們不斷環顧周遭，以防遺忘了什麼東西。**我們也曾這樣**，我心想。**有這些小男孩在飛機上，應該不可能墜機，不是嗎？**我顯然是被嚇昏頭了。

「最後呼叫！」售票員大喊。「尚未登機的旅客這次請全部前往登機。」我朝那位身穿緊身藍色制服的地勤人員走近幾步，她那樣子像是要把我的頭擰下來。我凝視著外頭那片盤旋打轉、不祥的黑暗。我嘴裡沒有一滴水分，我的心提到了喉頭；它在我臉上怦怦跳動，從我的耳朵嘩啦噴濺出來。「妳到底要不要登機？」地勤小姐大吼，毫不掩飾自己的不耐。我又呆立了片刻，接著，我內心有個聲音說，**活下去**。

「不！」我說，嘴巴乾得像撒哈拉沙漠。「不，我不回去。」

「妳不飛。」（比較像聲明而非問句。）

「不飛。」

沒多看我一眼，她把無線對講機放到嘴邊，報告旅客已全數淨空。「等一下！我的行李怎麼辦？」我問。

「太遲了。」冷漠的答覆。我的行李將單獨上路——一路飛到芝加哥，飛到杜魯斯——而我的座位將空著。通往死亡黑洞的大門在我面前關閉、封鎖起來。我終究做了留在家裡的抉擇。

片刻間，我站在那裡，呆望著大廳內的螢白燈光，不確定接著該怎麼做。我四周的航廈空蕩蕩的，彷彿所有人都隨著潮水被沖刷一空，消失在那個下沉坑洞裡。對自己的舉動感到又驚又怕，我跌坐在椅子上，試著說服自己。宇宙不是給了我好幾次留在家裡的機會？我是不是為了想做「對的事」，而忽略了這些訊息？然後，當最後這意料外的機會來到我眼前，我內心深處的某種力量不是說出了「**活下去**」？而活下去便意謂著，起碼這次我得好好關照自己。無論我是否還燃燒著精力，無論部分的我是否仍然渴求著能活下去，總之**這個部分的我說，大家都會沒事的，妳得好好休息，得好好調養**。

回想起來，當時我並非真的相信會發生墜機，其實沒有，儘管表面上我的確恐慌得不得了。**我**害怕我會墜機。我來到了一個沒有擔保、沒有路標——只能靠我內心的指南針——的十字路口。

我打電話給丈夫，想告訴他發生了什麼事，很意外地，他接聽了。他們的飛機又延誤了。我開始哭，他忙著安撫我，要我放心，說他會向孩子們解釋。我告訴他明早我可能會再試試能不能搭上飛機，可是這話連我自己都不相信——他也一樣。

一小時後，我躺在床上，被熟悉的寂靜、在我屋內漫遊的看不見的幽靈、幾隻狗和剩下的一隻貓包圍。我長長吐著氣，把肺裡頭耗盡的氧氣和恐懼所釋出的毒素用力擠出去。我把機場的沉悶空氣和地勤人員的傲慢惡意一股腦兒呼出，同時將自己的猶豫不決、罪惡感和羞愧釋放乾淨。然後我吸入我在瀕臨絕望的最後一瞬間所選擇的寧靜平和。

最後，那班飛往芝加哥的飛機平安落地。次日報上並沒有出現向全國昭告悲劇的驚悚頭條。那兩個女大學生肯定有精采故事可說，那對累壞了的年輕夫妻會照常和他們的孩子親吻道早安。遊艇也會在儀式性的號角聲中，在杜魯斯港口下水啟航，而我的孩子們也將展開一趟充滿美景和歡笑的探險之旅。在我的決定過程中是否有神的指引？倘若有，我是否聽從了？我重溫這一路上的每個轉折，尋找著我可能錯過的信息，對自己的恐慌發作覺得有那麼點難為情。

有時候，上帝的雙手就像地面機務人員手上的橘色發光指揮棒，清清楚楚地揮舞著，**往這裡！往這裡！**有時候上帝的聲音透過擴音器傳出：最後登機呼叫！而有時候上帝出現在狂怒的暴風雨中，提醒我們，對於未知和無法控制的一切，我們是如此無能為力。然而，始終不曾動搖的是，我們被愛著。無論生或死，無論失敗或顯耀，我們都是被愛的。也許這正是我該學習的一課。也許無論我決定怎麼做或者後果如何，全都不重要，要緊的是去發掘、順服於上帝恆久存在的深刻認知。上帝在那些壞脾氣的空服員中，也在那些朗笑的女大學生中；上帝在暴風雨中，也在雲端的大片閃亮晴空之中。上帝在我選擇留在家裡的決定之中，也在我想要陪伴家人的迫切期盼中。倘若我能在一切事物中看見上帝，那麼我便可以把自己看成一抹筆觸，一首永恆交響曲當中的一個音符，而它的一口氣便是「唵」[17]。

當面臨艱難抉擇、危機、傷痛或者身為人的數不清煩惱之際，我們很容易忘了這點，但這也是對信心的考驗。我們所知道的那些在地球上的生命，是心靈成長的無邊道場。我們活著的方式很重要，因為我們在學習讓自己的靈魂和神配合一致，但是我們詮釋自身種種遭遇的方式可以強化自己的勇氣，讓我們有力量繼續人生旅程。

至於艾利，牠在我的家人回來前一晚的午夜出現在前門廊上。牠離家十二天，可是回來時並沒有狼狽的樣子。毛皮很有光澤，看來也有人經常

17 譯注：Om或Aum，梵語，又稱「奧姆符」，印度教的一個神聖符號，代表宇宙初始的聲音。

餵食。牠這趟探險之旅的唯一印記是我手臂上的抓痕，那是我拚命想把牠弄進屋子時惹來的。激烈扭動掙扎了半天，牠差點又逃跑，可是一旦進了屋內，牠那樣子就好像從沒離開過。那天深夜，牠趴在我胸口，大聲地呼嚕呼嚕叫，沉迷在熟悉環境的安穩氣氛裡。當我揉搓牠的頭時，牠用僅有的一隻綠色眼睛望著我。牠懂得的，我永遠不可能懂；感動他的事物，我或許永遠都不會有感覺。但是，凝視著他那歪斜的撲克臉，妙妙貓[18]般的咧嘴笑容，我感覺我們是同一國的。我們共享著同一隻手，它能製造各種禍福難卜的事件、突如其來的奇蹟，然後讓我們自個兒去理解什麼是真、什麼是運氣、什麼注定要發生，以及該如何玩我們被發到的一手牌。

薰衣草的共鳴

每次開車到紐約市的西奈山醫院去做我的世貿中心年度健康檢查，總讓我有一種好像是到世貿災變現場去報到輪班的錯覺。這也難怪，因為我之所以每年到西奈山醫院健檢，完全是因為我曾經在九一一事件後的復元那年，在世貿災變現場的停屍間擔任牧師。這個為了追蹤並治療九一一相關人員健康狀況而設立的世貿中心健康計畫，它的目的在及早發現後續增加的癌症或其他疾病，可是這樣的年度檢查可說是雙面刃：它提醒我要更注意自己的健康，但同時也讓我想起由於暴露在世貿災變現場而永遠存在的罹病可能。

---

18 編注：Cheshire Cat，又譯作柴郡貓或笑臉貓等，是著名童話《愛麗絲夢遊仙境》裡那隻會說話、有著特殊笑容的貓。

和往年一樣，今年我也是單獨開車前往。我已經知道該把車停在哪個車庫，該從醫院的哪一個入口進去，該搭哪一部電梯。而醫院那巨穴般的大廳——無數醫生護士在這裡有目的地四處奔走，回音從高聳的天花板彈回來——也不再讓我有迷失的感覺。我只是像預定好地那樣走進去，既不遲疑也不慌亂。到達目的樓層之前，我就知道候診室肯定擠滿了人，有文件等著我簽名，還有一些同樣等著被唱名的人。

在接待櫃檯簽名之後，我找到一張面對電視機的座椅。螢幕上正播報著消音的新聞，底部的跑馬燈字幕川流不息地滾動著。我環顧了一下四周，有點好奇地想著會不會遇上世貿災變現場的熟面孔。沒看見。就像角落裡的電視機，我腦子裡充滿無聲的影像，有些是十五年前我在世貿的經歷，衝撞著眼前在我周遭的男男女女的影像。我在想誰可能是一名消防員或警察、建築工人或志工。我又想起，大家都變老了。如果我們四目交接，通常會露出愁慘的一笑。類似嘴角上揚、眼睛卻下沉的表情。這是將我們牽繫在一起的表情。

我做了一連串例行檢驗。其中唯一會帶給我壓力的是抽血。由於多年前我被診斷出罹癌，這項檢查只能施加於我的右臂膀。可是這裡的靜脈已經乏了——太多注射和手術留下的針孔讓抽血變得格外困難。我極力壓下心中的緊張不安，伸出了手臂，一顆心仍然狂跳不止。醫師親切又體貼，輕拍我的手、臂膀和手腕上多處。我在他選定位置之後別開頭，卯足全力深呼吸。當抽血完成，我感覺幾乎快昏過去，並且把這種感覺告訴他。我難為情地試著解釋以前的大量注射以及我的血管創傷。他體諒地點頭，要我把頭放低，並且拿了杯水給我。

完成一整套化驗和檢查——花了大約三小時——之後，我下樓回到大廳。世貿災變現場那股擺脫不掉的耳鳴感又來了。就像當時幾乎每次輪班結束時都會有的感覺，一部分的我很慶幸終於完工，另一部分的我卻捨不得離開。太怪了。我發現自己在大廳裡徘徊。那些醫療人員和訪客鬧哄哄的聲音莫名地令人感到安心，提醒我們生活仍在繼續。我提醒自己，這裡也是我兒子出生的地方——在九一一事件前將近六年。因此對我來說，這裡是生命誕生之地，同時也和死亡密不可分。

我正要走向大門，忽然瞥見一個女人站在一張小桌子後方。掛在桌邊的牌子上寫著：**雙手的祝福，心靈照護部門贊助**。由於在醫院服務的緣故，我對這種做法相當熟悉。這個構想是要為所有感興趣的人提供塗聖膏的祝福，在他們手上滴一滴油。我通常是給予祝福的人，因此很好奇作為受膏者會是什麼感受。我觀察著桌子後方的女人，人們匆匆來去，似乎對她以及她提供的服務視而不見。沒人停下來。我開始走下通往大門的階梯，然後我轉身，朝她走回去。**管他呢**，我暗想，**我應該用得著祝福吧**。

我走近時，那個稍微比我年長、身上沒戴任何特定宗教識別標誌的女人微微一笑。她也是醫院牧師。她問我是否屬於任何宗教派別，好作為她禱告時的指引。我謝謝她的體貼，接著坦承自己是衛理公會信徒，也是安寧病房牧師。不由自主地，我又告訴她，我剛做完每年一次的世貿中心健檢。

「非常辛苦的差事。」她輕聲說了句，毫不畏縮地凝視我的眼睛。她握住我的雙手，讓我的掌心朝上，然後在我的兩隻手腕上分別滴了一滴薰衣草精油。接著她要我將兩隻手腕貼在一起搓揉。精油的迷人香氣飄上我的鼻子。一股寧靜透過毛孔滲入我體內，我感覺自己逐漸釋放健檢的壓力。弓著頭，臉幾乎貼著我的，她開始禱告。她的口音十分悅耳而渾厚，**牙買加**，我心想。我並不想弄清楚，只任由她的頌詞像溫柔的拍浪聲不斷流向我，將我包圍。片刻間，她是大海而我是海灘，她呼喚著我歸向她，感召我，讓我重新認知自己的源頭。

帶著祝福和殘留的薰衣草香，我回到車上，準備回家。懷著重重心事，我上了麥迪遜大道，朝北開向會帶我回到西徹斯特郡的羅伯甘迺迪大橋。開了幾分鐘，我發現我錯過了平常通往大橋的彎道，不得不穿過當地的市區車流繞回去。奇怪的是，我並不懊惱，因為我不趕時間，而且心情相當平靜。當我在一處紅燈前停車，看見一個人站在我前方那輛車子的外面——一個討錢的乞丐。不同於往年，這年頭紐約街頭不太會有人來敲你的車窗。這是地方政府和紐約市警局強力執法的結果。我的第一個念頭是反射性的**不會吧**，卻一邊伸手從皮夾抽出錢來。

我正把皮夾夾層裡唯一的一張五元紙鈔抽出來，抬頭瞥見那個人已經走到我的副駕駛座車窗外。他穿著褪色的綠色軍人夾克，看來大約六十七、八歲。飽經風霜的臉上布滿鬍渣，眼睛有一種白濁感，就好像虹膜裡的棕色飄浮得太久，開始融化了。紅燈還沒轉綠，讓我有足夠時間搖下車窗，探過身子把錢遞給他。我這麼做時，他苦笑著舉起雙手。他的兩隻手都沒有手指或拇指，而只有裂縫與缺口。他就用那些部位順利把鈔票夾了起來。「真是太謝謝妳了。」他說：「上帝保佑妳。」號誌燈轉綠，我繼續上路，意識到這天我接收了兩次祝福。我不禁想，要是我沒有主動迎接第一個，是否就會錯失了第二個？

醫院的牌子上寫的是**雙手的祝福**。當那位牧師賜福給我的雙手，她是否也開啟了它們？而隨著雙手，也開啟了我的心？沒有那個祝福儀式，我很可能會錯過這位缺了手指的陌生人，因而錯過了碰觸上帝之手，以及接受微行基督祝福的機會。「我是他們當中最卑微的。」耶穌對我們說：「我是病者和貧者，飢餓者和衣衫襤褸者。」不知有多少次，我們錯失了生命中得以碰觸上帝之手的機會，而這雙手往往是傷痕累累、充滿髒汙的。這雙手不見得和你我的手一樣。它們往往不同於我們的膚色或信仰，它們並不侷限於我們在餐桌上或教堂裡握到的手。它們是會來敲我們的車窗、從人行道上向我們伸過來的一雙手。

等紅燈時，爽快地給予似乎是很簡單的一件事。然而，我所得到的卻一點都不簡單。接收祝福可不像接收禮物，沒那麼單純。那是一種委託。如果我們不讓它像淨化水那般流過我們，然後轉贈給他人，我們便會變得腫脹。要是我們一開始就不肯開放自己接納它，那麼我們的心就會變得焦渴脆弱。回想這一天，我了解到自己接收了何其多的祝福，被賦予了何其多的機會去感覺上帝的存在。在候診室那些心照不宣的眼神中，我找到了友伴；在牧師的禱告中，我找到了療癒。等到我在紅燈前遇上那位陌生人時，我的心滿滿的，我不只歡迎這付出的機會，我也需要這機會。於是乎，我有手指，這人沒有。我有錢，這人沒有。我有薰衣草的共鳴——而他有祝福。

敲天堂的門

穿著薄薄的綠色病袍坐在推床上，我盡可能地在手術前試著放鬆心情。這不是我的第一次登場——事實上，是第六次。這是第六次乳房手術，也是一連串門診手術的第二次，目的是把我做過乳房切除術的乳房內植入物替換成我自己的身體組織。聽來像是一種雙贏局面，「買一送一大優待。」醫生曾經開玩笑地說。把令人不舒服的植入物移除，而我身體其他部位的脂肪將會歡歡喜喜地進駐它在我乳房內的新家。儘管第一次手術出乎我意料地進行得相當順利。第二次則會讓我更有機會徹底擺脫掉這場癌症的糾纏。利用自己的組織，多年來第一次擁有溫暖的乳房，更纖瘦的大腿……這種好事誰會反對？我簡直等不及了。

關掉手機之前，我恣意玩了一下自拍，完成一張笑嘻嘻豎起大拇指的照片，然後傳給眾親友。**期待進去打個小盹兒**，我開玩笑。**天哪，有些女孩為了休息，啥事都做得出來**，有人這麼回覆。我笑笑，知道自己即將享有擺脫憂慮、痛苦和有意識思維的幾小時。我並不期待恢復期的過程，但我對於手術本身並沒有絲毫不安。

外科護理師進來幫我固定靜脈輸液管，並且要我在最後幾份文件上簽名。我認出他就是十二週前我第一次動手術時負責這類作業的那位。我一看見他便鬆了口氣，因為他置放輸液管的技巧很熟練，他的出現讓我安下心來。接著進來的是麻醉護理師，一個我沒見過的年輕人。當他埋頭忙著進行各種準備工作時，我問他麻醉師在哪裡，就是我第一次在乳癌中心動手術的期間負責照料我的那位醫師。護理師冷冷地聳了下肩，說「起頭」由他來做，那位P醫師會負責「收尾」（換句話說，讓我脫離昏迷狀態）。不知是他的說話口氣，或者想到有人替我「收尾」的畫面，我開始不安起來。

「不好意思，」我說，「我真的很想在手術前見一下P醫師。上次我醒來之後很痛，我想和他談談。而且，老實說，以前從未出現過由護理師替我麻醉、卻沒有醫生在場的情況。」聽了這話，他開始向我保證他受過良好訓練，吹噓說他連我輸液管裡「最細小的泡泡」都清楚得很。然後，不理會我的異議，他把我推向手術室，外科護理師在一旁跟著。

當我再度說我想見見那位醫師（還有，上次離開預備室之前，這位醫師先替我打了點藥讓我放鬆心情，因此我根本不記得被推到手術室的過程），護理師氣呼呼地回了句：「好吧！」他把推床停在走廊上，開始把不知什麼東西壓進我的輸液管，而且幾乎還沒停手就又繼續把我推向手術室。我幾乎馬上感覺類似熱燙岩漿的東西通過我的臂膀、流過我的血管。感覺又濃又重，灼熱而且難受極了。

「我的胳膊好痛！」我大叫。「燙死了！」

「很正常。」他淡淡地回，幾乎連看都沒看我一眼。

「可是我從沒有過這樣的反應。」我哀求。

接著我的頭開始一陣暈眩，視線變得模糊。「她快昏迷了。」我聽見護理師說。可是我沒有快要昏迷，我身上發生了可怕的事，水泥逐漸取代了我的血液，充滿我的四肢，像令人窒息的土石流那樣湧向我的肺。那一刻，我知道它就要把我淹沒了。

「我不能呼吸！」我急喘著，伸手按住喉嚨，一條腿無助地踢了一下，妄想引起他們的注意。然後……我整個人麻木了。不單是四肢，而是全身上下，包括我的肺、我的臉。我被完全凍結在我的身體裡——被埋葬了。我不能動一下睫毛、鼻孔，我不能張開嘴唇吸一下空氣，我發不出一丁點嗚咽抽泣聲，可以讓人知道我的意識非常清楚，但正慢慢地窒息。這感覺就像身在恐怖電影或者你所能想像最糟糕的可怕惡夢裡。「至少咱們有本事讓她昏過去。」麻醉護理師開玩笑說。**我沒有昏迷**，我無聲吶喊著，整個陷入了恐慌。**我沒昏過去，我快窒息了，你們沒看見我無法呼吸了嗎？**

他們繼續把我推向手術室。我感覺得到推床在移動，而且可以透過緊閉的眼皮看見不斷變化的光線。我嚇呆了，竟然沒人發現我就快窒息了。**轉過來！**我在心裡哀求著，**看我一眼！**時間已靜止，但我的各種念頭一個接一個疾速湧現。我在腦子裡尖叫：**救救我！誰來救救我！**在顯然沒人搭理的情況下，**這死法未免太蠢了！**幾個字閃過我腦海。**又蠢又冤枉**，我想著。**而且丟臉死了。沒想到我的一生是這種結束法**。我的心情從恐慌轉為憤怒，再從難以置信轉為哀傷，我這條小命就這麼完了。在這同時，兩個男護理師只顧著一邊談笑，一邊把我垂死的身體推過走廊。

接著怪事發生了——我開始放手。這是一個積極的決定，說來奇怪，或許這也是讓我保存氧氣、救了自己一命的決定。**既然要死了**，我心想，**我不希望我最後的思緒是充滿恐慌的。我要平靜、心甘情願地走。我要心平氣和地屈服**。於是我開始放鬆。孩子們的臉在我腦中閃過。**他們仍然需要我**，我在心中大喊，但我很清楚自己已經無能為力。我只能為他們禱告：**他們一定會平安無事。我會守護著你們，可以的話我會來看你們。上帝，請保佑他們。**

我逐漸意識到，在我擔任安寧病房牧師期間遭逢過的那許多次死亡。**現在我終於得面對自己的了**，我心想。**我終於有機會一窺紗幕的另一邊了。**想到這裡，我不禁對靈的世界好奇起來。我用力睜大內在的眼，想看看前面的光景——也許是一束光，或者一道可以揭露來生的開口。我感覺越來越近了。在我前方是一塊光板，類似一道四周著了火的明亮滑門。我就要到達了，感覺靈魂變得輕盈起來。

快到了。那道光板就要滑開來，門那邊的人即將出現。我非常確定，因為我感覺得到那股喜悅。我就要觸摸到了。接著，相當意外地，我清楚意識到我父親的存在。我爸已經走了一年半，他生前一直是我的心靈導師和好友，我和他有過無數次精采生動的對話，關於生死和精神領域，從我有記憶以來便一直延續著。**爸！**我感覺得到他在我右邊。沒有一絲懷疑，我就是知道。要是我能睜開眼睛，便能看見他以靈的形態站在那裡。他距離我好近，他的手近在咫尺。**我們就要見面了，爸**，我打從內心深處喊出。如果我的臉沒有僵麻，肯定正微笑著。

就在這句**我們就要見面了**剛從我的心裡一躍而出時，我聽見外科護理師大叫，「糟糕，不妙了！」他總算發現我沒了呼吸而且正處於要命的痛苦之中。我大概臉色發青了。儘管遙遠的那個我獲得了解脫，聽見他的聲音卻讓我慌了起來。我感覺自己掉回身體裡，水泥做成的身體。那片光板逐漸退去，但我父親的存在依然鮮明無比。麻醉護理師壓低聲音但驚慌地回了句：「好吧，好吧！」

他肯定是像拉開活板門那樣把推床頂部放下了，因為我的頭突然懸空了，像顆沉重的球連著軟繩子般的脖子。他開始用某種手持式裝置把空氣打進我嘴裡。雖然我還無法睜開眼睛，但聽得見快速的氣囊咻咻聲。接著，一股銀線般的氧氣徐徐滑入我的喉嚨。真的就是這感覺：一條纖細但強韌得有如蜘蛛絲的線深入我的喉嚨和肺，本能地，我接納了它。氧氣！極小的一口。屬靈的那個我緊抓住它，任由它帶著我離開光的門檻，我仍然感覺得到我父親，可是他的手從我手中滑開了。**還不到時候**，我感覺他這麼告訴我。麻醉護理師暫停往我嘴裡打氣，轉而將我的嘴巴緊緊捂住，這下我又慌了。**你這是做什麼？**我心想。**為什麼要停呢？**我感覺像遭到了凌虐。接著他再度把我的頭放下，又給我猛灌了好幾次氣體，然後捂住我的嘴。這次他不小心讓我的牙齒夾住了下嘴唇。我只覺一陣劇痛，無法表達的痛，那股恐慌又來了。**老天！我的嘴唇快被牙齒給咬穿了，他卻毫無感覺，而我一點辦法都沒有**。所幸，他鬆開了我的下巴，再度讓我的頭往後垂下。這是我手術醒來前的最後一段記憶。

最後發現，是那位自信滿滿的麻醉護理師把我的用藥順序弄混了。他錯把麻醉劑施打在先——通常這種藥物是在插管之前使用才對——而沒有給我讓病人放鬆的少量鎮靜劑。換句話說，我不但沒有感覺放鬆想睡，還清醒得很，而且陷入了癱瘓。不只這樣，他操作手動通氣裝置的激烈（或許是驚慌）方式導致我的肺部塌陷。我後來聽說，原本可能會更慘。或許會要了我的命。而這也讓我了解到，那兩個護理師並沒有把這段經過告訴醫生，因而我的手術照常進行。當手術後醒來，我氣喘得厲害。**你們差點把我害死！我幾乎要窒息！**他們大概不曉得，昏過去之前所發生的一切，我全記得一清二楚。可是由於肺部塌陷，我能說的不多。他們隨即把我從門診部門緊急送往醫院，在那裡進行胸部插管。

這個故事有許多層面，包括我至今仍揮之不去的情緒和恐懼，可是最令我感到震撼的是那段靈性體驗。不用說，過去二十年我時常思考死亡的事。由於工作的關係，我有幸陪伴無數人踏上前方的未知旅程。我喜歡想像我伴隨他們走向那道門，知道那裡有另外一雙手——慈愛的手——將會接他們過去。如今，對我來說，那道「門」被附加了意象，以及感覺。我在腦中回到那裡——發亮的光板，存在的感覺，以及奇蹟與領受的感覺。

我不會選擇在那個時刻死去，不過，要是別無選擇，我也並不懼怕。從今生過渡到來生，這勢必會到來的過程並不可怕——事實上，無比迷人而平和。得以窺見這景象可說是一大慰藉，無論對我，或者對那些死者的親人。我比以前更加深信，垂死的人將可以感覺到難以想像的美和喜悅的強大拉力。想像摯愛的親人自由地飄向神，飄向那些等著迎接他們的人，舒緩了別離的痛苦。

回想事情的經過，我覺得奇妙的是，我在最害怕的時候竟然沒有呼喚上帝甚或耶穌。接著我明白了。我不需要呼叫上帝，因為上帝正是我飄浮其中的那片漿液。我是神之中的一顆微小粒子，混在其他無數粒子的汪洋裡。當我停止掙扎，讓自己隨著潮水流動，我便不再恐懼。而就在我放下恐懼的同時，我感覺到了父親。他的存在是美麗的驚喜，有如乍現的彩虹。我不需要召喚他，也不需要看見他；他就在那兒陪伴著我。後來我才了解，當時我被神性包圍，但同時也仍然受制於自己的人性。而這部分的我想必需要一種有形的愛的顯示，以及存在。我相信這正是為什麼我父親會來找我，或者被派來見我。親人的熟悉身影出現所帶來的慰藉，讓我能夠碰觸祂的手，意思也就是說，本質上碰觸了上帝之手。我們都是神的替身——上帝之愛的顯現——不管我們是否把它展現出來，不管我們是否想要埋藏自身的光，或者讓它閃耀。我們改變不了我們的神聖本性，我們的靈性DNA。

我很高興能在地球上多活幾年，我很感激我的孩子們可以免除喪母之痛。我珍惜和我父親的短暫擦身。但無論我的生命何時走到盡頭，我知道有某種超越今生的東西，而我將被牽引過去，一如嬰孩投入母親的懷抱。身為蒼生的一分子，我們有命運，我們也有終點。我們是落下的雨滴，和大海融合為一；我們是看不見的分子，蒸發回到空中。在這由神而來、回歸於神的循環之流當中，我們絕不孤單，我們無須恐懼。我們將永遠擁有彼此——在今世，在來生。

抉擇

二〇〇一年十二月二十七日，紐約市充滿節慶的繁忙氣氛。人行道擠滿了人，商店櫥窗妝點得璀璨亮眼，人們攜家帶眷漫無目的地四處亂轉。似乎人人都卯足了勁想讓這段詭異而不幸的日子變得正常。我發現這現象很值得慶幸，但也很讓人不安。距離天崩地裂的那天已過了三個月，然而生活繼續拖著我們前進，就像拖著綁在車尾的錫罐。這便是這個充滿聖誕過後購物人潮以及到世貿災變現場看熱鬧的人的群魔亂舞區——一臺摔壞了、看不見的噪音製造機，只有我聽得見聲音——給我的感覺。這不是任何人的錯——不是那對帶著相機的年輕夫妻，不是那個把孩子扛在肩上的父親，不是那個兜售世貿中心照片的男子。問題出在，對我來說，他們身處的世界已經不存在。一切都是虛幻，直到我通過世貿災變現場的安檢站。這時我終於能呼吸，這時我終於感覺自己有了歸屬感。

熟悉的卡車隆隆聲和機具轆軋聲取代了警戒區外的噪音。烤栗子的香氣和溼水泥的味道在我嘴裡混合，很快地將被不容置疑的腐敗臭味所取代。朝著死者——不是你的親人，而是別人的——走過去是相當奇怪的一件事。更奇怪的是，唯有在這裡我才感覺到自己真正活著。這是在世貿災變現場工作的一個心照不宣的祕密。大家累斃了，但充滿生氣。工人們很氣憤但沒有怨懟，朋友與同事遭到蹂躪但沒有被擊垮。我在消防員的眼裡、在警員們緊繃的下巴看見這些。不過，話說回來，才經過短短三個月。也許徹骨的疲憊還沒真正到來，也許心還沒全然粉粹——或者也許世貿災變現場已經自成一個小島，裡頭的居民說著一種祕密的語言。在這裡，大家述說著故事，不必擔心遭到批判，或者得到充滿好意卻討人嫌的意見。不必字斟句酌以避免刺激聽者。沒人會畏縮或轉過頭去，沒人會要求我們融入一個期待我們做回從前的自己的世界。禁區外面是正常狀態，和照常過生活的人們。而柵門外也有著哀傷和勇敢的人們，存活者和一整個國家的同情憐憫。當輪班結束，我不捨地離開小島時，我會為了那些從沒有機會做抉擇的人、那些我會為他們的破碎遺體祝禱的人，以及那些我鞋上沾著、肺裡吸著他們灰燼的人們，踏步離開。

我在這裡的臨時停屍間——通常被稱作 T-Mort ——擔任牧師。這是一輛簡陋的長方形活動拖車，一發現遺體和殘肢，就會送到這兒來。這裡是那些失蹤者漫漫回家路的第一站，地磅站。在這裡，遺骸被逐一登錄、拍照、祝福。祈福是我的工作，當然也是在我之前交班，以及在我之後接班的牧師的工作。我們以八小時輪一次班的方式運作，組成一個持續不斷的祈禱之輪，每天二十四小時不停轉動。我們之間可以互換，也不分宗教。我們在黑暗中點燃一支閃爍的蠟燭，提醒自己和別人，生命仍然具有意義，上帝並沒有遺忘我們。當燭光被絕望撲滅——照例會有的情形——我們便懷著大無畏的希望，竭盡全力再度把它點燃。

我們全都是自願到這兒來的——牧師、消防員、緊急救護技術員（EMT）、警察、建築工人。光是這點便足以將我們緊緊牽繫在一起。大家的理由各自不同。有個消防員當天休假，可是他的兄弟還得值勤。當雙塔倒下，他答應母親一定要找到哥哥，否則絕不離開。搜索了兩週，他找到一條帶有他哥哥熟悉刺青的腿。一條腿。這也是他終於能帶回家向母親交代的——還有承諾的達成。還有一名警員，從事發後就每週六天、持續不斷地在遺址的同一個轉角工作。回家後，他努力擋住的那些意象湧了出來，在他夢裡縈繞不去。只有在世貿災變現場，他的心跳才能恢復正常。在這裡，他沒有空閒多想他看到的東西。等這份工作一完成——如果真有完成的一天——他知道那些陰魂便會找上他。

我到這兒來——不只是世貿災變現場，也包括停屍間——是我從不曾懷疑的一個抉擇。雙塔倒下的那一刻，我的心便已飛來了。兩週後，當一位聖公會主教要求我到這兒來替他輪值夜班，我的其餘部分便跟了來。我和其他神職人員一樣很想幫忙。我想我比其他人感覺更適合這工作的原因在於，安寧病房牧師的工作讓我對死亡有深入了解。能夠參與救援工作——能夠做點什麼——遠遠凌駕了事前的深思熟慮。感覺就像衝進黝黑的森林裡去尋找一個失蹤的孩子。在熱血奔騰的當下，你不會考慮裡面可能有熊或狼。一旦到了那裡，工作規模的浩大，不知會發現什麼東西的恐懼，還有迷失自己的可能性，以及埋伏在暗處的絕望無助，才終於一股腦兒向你襲來。

主教第一次派我到世貿災變現場，是輪值午夜到早上八點的班。在正常情況下，尤其是這個時段，我從紐約市北郊的住所開車只要三十五分鐘左右就能到達。然而，那天晚上，我知道在我抵達災變現場之前的部分道路會被封鎖。若是搭地鐵，又不確定出站後距離現場會有多遠。跳上車就像閉著眼睛跳下懸崖。我只能朝著大致方向躍下，管不了如何著地或者會在哪裡著地。

我還記得，當我把車子開出車道，街道好安靜。從後照鏡看過去，街坊的房屋有如一整排巨大的嬰兒床，所有居民都正安穩地窩在裡頭。那種牢靠穩固的感覺很讓人安心——等我回來，所有一切和所有人都還會在那兒。我想像我的手指輕拂過每一棟房子，像是親吻道晚安或者祝禱。但是我只輕輕說了聲「明早見」，然後拐彎上了高速公路。

接著我開始想現實的問題。我擔心該如何到達那裡，還有通過警衛關卡時會不會發生問題。我也不確定這工作將會帶來什麼後果，但這時我還無法想像——更別提擔憂——可能的風險或者各種長遠的影響。我只是一頭栽進森林裡去尋找某種失落的東西，儘管我還不清楚那到底是什麼。沿著羅斯福快速道路，我趕在遇上路障之前盡可能往南開。接著我把車停入一座二十四小時停車場，然後找到地鐵站。

當我走下樓梯，通過驗票閘門，站內靜得可怕。我踏在水泥地上的腳步引起巨大的回音，聲音從昏暗的牆面彈回，宣傳著我的到來。我突然驚覺到一個事實：我正在午夜裡孤零零一個人走在曼哈頓下城某處的一個荒涼的地鐵站裡。光是想到自己在地底下，我已經口乾舌燥、心臟狂跳。雙塔倒塌時數千人被擠壓、埋入地裡的畫面永遠銘刻在我腦海，我們都已經看過不知多少次了，驚駭的感覺依然鮮明。我感覺耳朵裡的血液開始跳動起來。這一刻，我不清楚到底何者比較可怕——遇上搶劫，還是在又一次攻擊中被埋在水泥裡。而無論哪一種，似乎都眼看就要發生了。

所幸，終於有兩道光束出現在隧道深處，後面緊跟著一路頂著兩只大燈前進的列車。儘管我很慶幸我不是列車上的唯一乘客，裡頭的乘客卻稀稀落落的。換作九一一事件之前的任一個夜晚，情況肯定很不一樣。肯定有很多人準備在晚上出門找樂子，在街頭藝人的音樂中快活地聊天。紐約的某些地區總是要到午夜過後才會真正醒來。如果這個時段連紐約人都待在地面上，那麼我跑到地底下做什麼呢？

我一直搭到列車不再前進為止。在距離世貿災變現場幾個街區的地方出站，我不可思議地失去了方向感。原本在這地區有著北極星功能的雙子星大樓消失了。如今在黑漆漆的夜空中只有一個裂開的洞口。當我試著分辨方向，聖保羅教堂出現在我前方，而且四周有不少人走動，讓我鬆了口氣。群體力量和鬥志旺盛的團結氣氛在這時莫名地令人安心。

我順利通過了安全檢查站（多虧主教幫忙）。許多消防車羅列在圍著警戒線的災變現場周邊，大批人員等著把從瓦礫堆送來的一桶桶碎石殘屑傳遞出去。嚴重的挫折感正醞釀中。位在中心的是一座數量難以估計、悶燒中的殘骸堆棧。找到生還者的可能性仍然存在，可是它薄得就像聖體——你才剛嘗到，它馬上在你嘴裡溶化。唯一留下的是那股充滿期待的記憶，以及再嘗一口的渴望。

接下來八小時，我到處聽聽走走、走走聽聽，盡我所能提供慰藉。這時心靈支援工作還沒有建立完善，我們也不清楚該期盼什麼或祈求什麼。最初，牧師的工作時程安排是由聖公會主導。攻擊事件發生後，聖保羅教堂立刻敞開大門成立休息中心，數百名義工日夜不停地服務，準備食物、分送物資，為那些在世貿災變現場工作的人提供支援。光是這部分便是一項極為艱苦的任務。不時會有未經許可的人自稱牧師，通過了安全檢查站。其中有些是受到好奇心的驅使，有些則是想趁機勸人入教。我不止一次遇見有人指著悶燒中的大片殘骸，對任何聽得見他聲音的工人說，要是不接受耶穌作為救主，他們將會下地獄。或者更糟，還有人譴責那些在攻擊中沒有被救出、確定已經死亡的人。這種情況絕不能再發生，而最好的解決辦法就是成立更緊密的組織。

十一月，紅十字會接手了審查和分派牧師到世貿災變現場服務的工作。所有感興趣的各教派神職人員，只要有意願繼續擔任志工的，都受邀聚集在紐約聖公會主教區辦公室。紅十字會規畫了好幾個工作區域，讓牧師們選擇自己感受召喚想前往服務的地點——家屬中心、聖保羅教堂、萬豪飯店、永久或臨時停屍間。我心中毫不懷疑自己屬於哪裡。**我見過的死者遺體比大部分人都來得多**，我自忖，舉手表示想到災變現場停屍間服務。我萬萬沒想到，我即將祝福的都是些殘骸，而不是遺體。

從我第一次輪值開始，大型黑色屍袋幾乎都已改成了小型紅色塑膠袋，有時只裝了一顆牙齒或者一片人體組織。燃燒了一百天的瓦礫堆已逐漸變成一個越來越乾淨的坑穴，地獄之火的鼓吹者已被清乾淨，期盼轉換成了決心。災變現場四周，商店櫥窗閃爍著節慶彩燈，提醒我們生活仍然照舊，即使被死亡浸透。黑暗寒凍的夜晚為那個美得令人心痛的九月天——以及在那之後像把匕首將我穿透的每一個碧藍天空——提供了慰藉。因此我歡迎雪白冬日的到來。感覺就好像天空排空了它的顏色，以便幫助我們重新來過。

我邊走邊縮緊下巴抵抗風寒。**寒冷可以讓遺體保存得久一點**，我心想。這陣子我滿腦子就只想著這些。所有一切都和災變現場、遺體、在這裡工作的男男女女脫不了關係。我看了人行道上匆匆來去的一家人不止一眼，心痛地想起我自己的孩子。一小時前我才和他們親吻道晚安，這時卻感覺他們彷彿在另一個世界。「妳非去不可嗎，媽咪？」我的八歲女兒在溫暖的被褥中問。我那六歲的兒子已經睡著了。「每次妳出去我都好擔心，而且聖誕假期還沒過，萬一妳出事怎麼辦？」她的眼睛打量著我的臉，露出一種認知到生命無常的早熟表情。**我到底在做什麼？我到底想證明什麼？**我常這麼問自己——直到我走進災變現場。這時我的矛盾和自責消失了。我無法想像自己是唯一有這感覺的人。

我女兒不可思議地把死亡看得很平常，不單是因為九一一，也因為在我們家這話題常被拿出來討論。從小在一個擔任安寧病房牧師的母親身邊成長，她參加過的守靈、見過的遺體，或許比我認識的任何成人都還要多。然而她也了解，那些死亡大都是疾病造成的，通常是長期罹病而且以老人居多。她能夠走向陌生人的棺木，將她的小腦袋放在亡者胸前，用小天使般的美好信念說：「沒事了，你和天使在一起了。」她說這話時，聽起來莫名地真實。

如今她了解，死亡隨時都會降臨。可能發生在雙親出門上班，或者搭飛機旅行的時候。很可能來得毫無道理。「答應我一定要回來。」她雙手摟住我的脖子說。我也很掙扎。身為母親的我為了必須離開而為難、內疚，然而身為牧師的我卻迫切地想要上路。離開家門有時感覺就像撕下一片繃帶——道別拖得越久，心就越痛。

孩子們會沒事的，我告訴自己。**他們會沒事的**。這是事實，差不多和一首為我抒解離開他們的愧疚感的頌歌一樣真實。我試著不斷複誦它來讓自己相信。我丈夫在家陪他們，萬一他們半夜醒來，他可以安慰他們。我離開時沒有多回想他的模樣。他也一樣，只問我是不是又要到市中心去。我看不出他是否為我擔心、感覺被遺棄，或者和我的世貿災變現場生涯漸行漸遠。我看到了一些我不知道該如何跟他分享的東西，一些我感覺他並**不希望**我拿出來分享的東西，漸漸地我也變得越來越退縮。一部分的我迫切想要擁有他的同理心和支持，能有機會述說我的種種經歷，然而另一部分的我也害怕，一旦說出口會被他不情願聆聽的態度所傷。還有另一部分——或許我們兩個都有——則是，拒絕面對我在世貿災變現場的工作將會留下難以抹滅的痕跡——為自己、為我們的關係，以及為孩子們。

我已經相當熟練，一到達災變現場就把這些念頭打包，裝進一只乾淨漂亮的箱子。我的孩子、我的婚姻、我在停屍間以外的生活，可以等以後再說。也許我在哄騙自己：驅使我一次次到這兒來輪值的是服事神的心，而不是某種特殊的私心。也許兩者兼有吧。我只知道，接下來八小時我將實實在在活著，我將超越自己作為妻子、母親的角色，更趨近於一種讓人能回想起上帝的憐憫和存在的東西（儘管相當微弱）。

我將寒冷的空氣吸入肺裡，讓安檢站的警官掃描我的識別證然後放我通過。身穿迷彩軍裝的年輕士兵在災變現場邊界內站崗，不時將重心從冰凍的一隻腳轉移到另一腳。我無法想像在這樣的大冷天裡站得筆直，就算穿著沉重的靴子也一樣。我總不忘向他們致謝，並且鼓勵他們在休息時間多利用聖保羅教堂提供的休憩設施。除了供應食物、熱咖啡和溫暖的休息空間，教堂也有按摩治療師、脊椎指壓師、浴室，還有寧靜。他們總是微笑、禮貌點頭以對，男人外表下的男孩稚氣有如底層的閃電隱約可見，突然迸現，馬上又消失。

當我繼續往停屍間走，一股新伐木材的香氣讓我放慢腳步、昂起頭來。我深吸著，就像聞到蘋果派時本能地感到幸福。朝香味的來源轉身，我看見為公眾設置的一段通往觀察臺的長長斜坡已經搭建完成，預定三天後開放使用。這也是災變現場籌備中的四座觀察臺的第一座，以便讓一般市民能夠更清楚、沒有阻礙地觀看這場公共悲劇。除了來看災變現場，他們同時也是見證者，能夠親睹這兒進行中的各種工作，以及整個城市展現尋找遺體、收復這塊土地的剛毅決心。我了解觀察臺的設置引起不少爭議。有些人表示擔心世貿災變現場將會變成觀光景點，但事實上，它已經是了。這並不表示訪客都是抱著窺探或不敬的意圖而來，他們就只是很想看看。

這跟想要參加守靈的衝動不同，不管是出於對遺屬的敬意，或者是為了相信死亡的真實性而必須去看看死者。如果我沒有在這裡服務，我也會很想來的。我會被這個充滿傷痛的地方吸引，想要來表達敬意並且禱告。

我繼續往前走，離開空蕩的觀察臺——到了週日肯定會擠滿人群——到達充作停屍間的簡樸活動拖車。這裡絕不會開放訪客進入的。這裡是災變現場的聖器室。在這個長方形房間的盡頭擺著兩張不鏽鋼接收桌。和我們一樣，它們耐心等候著下一批殘骸被送進來。幾名救護技術員坐在折疊椅上輕聲談話，一位看來相當年輕的紐約港務警局的官員倚在牆邊，一個坐在小桌子後方的警探伸展著筋骨。我走進去時，他們全抬起頭來，揮手招呼或喃喃說聲哈囉。一本巨大的冊子攤在桌上，一頁接一頁登錄著無數生命的遺失部位：一隻腳、一隻手臂、一個乳房、一根骨頭，包括部位名稱、時間日期和地點。輪值的人換了，字跡也跟著改變。很顯然地，被起出的殘骸越來越少，也越來越小。這讓我想到，這本詳列著尋獲殘骸的冊子已成為記錄九一一災後慘況的斷腸資料庫。

有好一會兒，我站在那裡瀏覽它的內頁。整齊的條目無止無盡地延伸下去。我強烈意識到我無法為這些七零八落的生靈做些什麼，但想到有人來為他們祈福，多少讓我感到寬慰。某個不知名的同事，某個虔誠的人，願意作為天使的化身，為一個生命作證。捧著這本冊子，我知道我同時也捧著我念誦過的禱詞。我正捧著我祝福過的那些遺體——我閉上眼睛片刻，讓呼吸緩和下來。

當我把冊子放回桌上，那名警探打了個哈欠，揉揉疲倦的眼睛。他告訴我這個晚上相當平靜，送來的殘骸非常少，也因此時間過得特別緩慢。起碼我們有個地方可以躲避寒凍。我看了眼那位港務警局官員，認出他是我曾經在這裡見過的人——魯迪。一個大約二十八歲、長得高大威風的男子。肩膀寬闊，胸膛似乎就要從外套裡迸出來。除了體格壯碩，魯迪有著親切迎人的臉龐和笑容；不像拖車裡的其他人，他完全沒有疲憊不堪的樣子。那種強烈對比實在驚人。我很好奇會不會是他的年輕或者光滑的橄欖色肌膚遮掩了他的疲態。我有股直覺，他的精力是源自某種更深層的——屬於內在性靈的東西。第一次在停屍間見到他時，我指著他帽子上的字母，問他是不是賓州來的警官。「噢，不是。」他大笑著說：「PAPD指的是港口事務警察局。」我覺得好丟臉。在重建工作的前幾週，我越來越習慣在帽子、夾克上看見各式各樣的字母組合，因為有太多穿制服的人員從全國各地趕來幫忙。最常見的縮寫是FDNY（紐約消防局）和NYPD（紐約市警局），但還有好多其他的單位。魯迪很有耐心地——而且自豪地——解釋，港務警局的人員是九一一攻擊事件發生後，第一批趕來支援的執法人員。當天他們折損了三十七個人，比任何警局都要來得多。這讓我想到他那厚實的肩上不知扛著多少重擔——哀傷的重擔、存活下去的重擔、追憶的重擔。

「嗨，魯迪。」我朝他走過去，說：「賓州還好吧？」他暖暖笑著，伸出手來。「嗨，真高興見到妳，牧師。」從他的強大手勁，我感覺到他的活力——我不禁又想，我背後那本工作日誌中不知藏有多少正值青春的男女。這念頭沉重得讓人無法承受。我問他最近如何，他在現場投注的大量時間都是怎麼熬過的。我們一起靠在牆邊，不自覺地抵擋著緊壓在牆的另一側的傷痛風暴。

「我忘了上次有沒有告訴妳，」他輕聲說，「有天晚上我在這裡值班，有人說他們認為他們似乎找到了一名劫機者的遺骸。」

這話有如音爆轟一聲襲來。過去幾個月，我聽過太多故事，恐怖的、悲傷的都有。屍袋拉鍊被拉開時我就站在旁邊，我很清楚事實裡大量摻雜著虛構的想像。可是那些故事、說故事的人，以及我們祝福過的遺骸，全部都出自**我方**的觀點。聽見**另一方**的事從個人嘴裡說出，這還是頭一遭。當然劫機者的遺骸會跟受害者的混雜在一起，只是我沒想到罷了，因為我只顧著撫慰**我方**。

我問魯迪他們怎麼知道那是**他們**當中的一個，他說他也不清楚，不過他猜可能跟那具遺體被發現的位置，還有它和飛機的局部構造非常接近有關。我想像這具遺體，或者殘骸，被一群或許有朋友罹難的紐約消防員和警察、港務警局官員和建築工人團團圍住的畫面。

「你也在場？」我問。

「是啊。」

「發現那是劫機者之一時，大夥兒做了什麼呢？朝遺體吐口水或是用什麼方式侮辱它嗎？」不管傳言是真是假，我想像它應該會引爆不小的激烈情緒。

想也沒想，魯迪搖了搖頭。「不……沒這回事。我們懷著敬意處理這具遺骸，和處理其他遺骸沒兩樣。」我很吃驚，完全沒料到他會這麼說。他的反應之率真、語氣之誠懇，在在令人驚嘆。我對他說，我非常吃驚，而且真心為當時在場的所有人，包括他在內，感到驕傲。他用一雙清澈的眼睛看著我，理所當然地回說：「我們只是互相提醒：喂，記住，這是某人的兒子，現在也還是某人的兒子。」我知道我聽見了神聖的話語。

將近凌晨兩點，我結束和魯迪的對話，走出活動拖車去透透氣。還沒有遺骸送進來，不過我還是把我的手機號碼留在牆上，以備不時之需。這種情況很正常。如果整晚沒事，停屍間的牧師可以在現場到處走動，為其他人打氣。我決定前往人稱第十消防站（Ten House）——或10—10，也就是第十幫浦車隊、第十雲梯車隊——的消防大隊。這個消防站就位在災變現場周邊，也是最接近世貿中心的消防站。一聽見飛機撞擊北塔的聲音，幾個值班的人員衝向窗口，發現大樓起火燃燒。幾小時不到，他們當中有五個人喪生。之後這個消防站嚴重受損，如今作為儲存裝備和其他物品之用。輪班時，我經常到那裡借用浴室，或者站在屋頂眺望整片災變現場。站內氣氛有點陰森。即便只是我胡亂想像那些人的幽魂在其中流連，我仍能對他們的靈魂產生共鳴。

一邊走著，我猛然想到，這晚的災變現場好像不太一樣。什麼東西不見了，但又想不起到底是什麼。就在到達第十消防站之前，我想起是狗兒們。我好想念以前在這兒出現過的搜救犬和醫療犬。也許因為冷天加上搜索不到殘骸，更別提我是輪值夜班，因此很難看見牠們。對這裡的每個人——包括我——來說，牠們的存在可說是一大安慰。搖晃的尾巴可以如此地振奮人心，實在神奇。

當找到存活者的期盼轉換為找到殘骸的期待，就連幾隻搜救犬都受到了影響。日復一日，以及漫長的夜裡，狗兒們不斷搜尋著生命跡象。搜索落空的持續挫敗使得牠們精神不振，你可以從牠們的疲倦眼神和姿態中看出來。有時候，為了激勵牠們，建築工人或消防員會把某個同事藏在碎石裡，然後讓訓犬員過來。聞出氣味的狗會開始興奮地挖掘被淺埋起來的人。當「救援」完成，所有人一起歡呼，狗兒的精神就又來了，尾巴猛搖，眼睛發亮，你可以看出某種內在的火焰重新點燃。這份對狗兒的憐憫也讓在場的人重振起精神，提醒他們自己的任務並未失敗。有勇氣每天到這兒來，竭盡所能付出，而仍然能夠關懷別人，光這點就是一種成功。我們可以繼續盼望——不是期待找到生還者，而是希望自己能活下去。

我登上通往第十消防站屋頂的階梯，一邊沉思著狗兒和魯迪告訴我的那些事。我一踏出去，驚訝地發現外頭站著一個女人，一個看來大約四十七、八歲的救護技術員。她靠在圍牆邊緣，金色直髮飄在腦後，讓我想起船頭的人頭雕像：神祕、堅毅，有一張看不出喜怒的臉龐。我正想離開，因為我不想打擾她獨處；可是她正好回頭看見我。當我們目光相遇，她用一種親切但又戒慎的表情向我招呼。我在世貿現場見多了類似的表情，因此並不以為意。我知道這是疲憊、憂傷，加上極力想壓制自己情緒的結果。

我們並肩站在那裡，凝視著下方不曾停歇的工作狀況。從我們的有利位置，卡車的鏗隆鏗隆聲變得微弱了些，被夜空的消音板吸收了。能夠抽離忙碌和噪音真是一大快慰。我們就像兩隻找到一處高高的窗臺歇腳的鳥兒。

這位救護技術員告訴我，她正好在第二棟樓倒塌前到達這裡。「簡直像身在地獄，」她說，「眼前一片黑，根本不能呼吸。我和我同事在混亂和黑暗中走失了，你可以聽見腳底下有人尖叫，可是什麼都看不見，真是太可怕了。我不斷想著我的五個孩子，而且正打算離開雙塔。起初我有點猶豫，心想我應該先找到我的工作夥伴，可是我繼續往前走。直到當天深夜我才聽說他順利逃出去了。要是當時我回去找他，現在或許不在這裡了。要是他回去找我，他的下場也一樣。他嚇得一直不敢回到這兒來……可是我每個月總要來兩、三次。」

「妳都如何面對那些影像、那些記憶？」我問。

「我也不知道。」她說：「我想我只能把心放在孩子身上，在這裡盡點力幫忙。」

我願意把生命交到這個女人手中，我心想。她生養了五個孩子，曾經和死亡打過照面，如今又回來賣命。有好一陣子，我們靜靜站著，兩個聯合起來抵抗悲慘處境的母親。沒有交談半句，只是讓寒風吹襲我們的頭髮。她的臉輪廓鮮明而美麗，在我眼中猶如一個站在崗位上守護著這片災變現場的天使。

「我們還是回去幹活吧。」她說：「有緣再見了。」

「但願如此。」我說著和她握手。「好好照料孩子們。他們很幸運有個這麼勇敢的媽媽。」

「妳也一樣。」她笑笑，然而眼裡的光迅速黯淡下來，像是關上了簾子。我不知道她是退縮回去以便能繼續撐下去，還是試圖把那些可怕影像隔絕在外。關於她這部分的故事，我恐怕永遠都不會知道。

下了階梯，我們分頭走開。我回停屍間，她隱入夜色中。

我發現自己在每次與人互動之後總是習慣性地小聲禱告。我喃喃默念著無語的祈願——為了什麼？為這些男男女女的平安，為他們的親人，為所有那些再也不能迎接親人回家的家庭。我禱告，為了讓自己能繼續走下去。我祈求能擁有智慧，能說出貼切的話語，以便面對下一個需要安慰的人。我祈求自己不會忘了這些人的面孔。我將它們一一編織，像禱告披肩那樣圍在肩頭。

我邁開大步迅速走回拖車，彷彿這樣便能逃離寒風似地。一進到裡頭，我立刻和一位緊急醫療服務（EMS）技術士（lieutenant）四目交接。他是個灰髮、有張娃娃臉的矮壯男子。一雙藍眼睛儘管充滿哀傷，卻十分親切。我在他身上發現我在這裡見過無數次的東西：想要訴說自身故事的一種羞澀的渴望。除非他們開口說出來，別人往往不知道該如何看待他們。找我或其他牧師聊聊，有時未嘗不是一種探究自己情感的方式。單靠自己這麼做或許會有點可怕。有時候這也是一種自白的方式。我不確定這位技術士腦子裡想些什麼，不過我看得出來他很想談談。

我們走到一個較隱密的角落，雖說事實上並不需要這麼做。目前拖車內只有另外兩個睏倦的人，而且似乎正在打盹。我們先閒聊了一下彼此的家和親人。事情通常都是這麼進行的。我們必須先透過一些合情合理、平凡穩當的事物搭起關係，然後才會冒險涉入這陣子的各種驚駭和恐怖話題。他告訴我有關他的兩個孩子的事，一男一女。描述他的兒子時，他開始眼泛淚光，喉嚨哽咽起來。「他實在是貼心得不得了。」技術士說：「我也說不清楚，總之他是可愛又仁慈的孩子。我女兒也很棒，不過是個麻煩精。」他大笑，搖了搖頭。我感覺他在他兒子身上感受到某種脆弱性，激發了他的保護欲。也許他渴望能保護兒子免於遭受許多人子面臨的危險，讓人子葬身在這停屍間外面、葬身在古今所有戰場上的那種危險。如果他保護得了他兒子，或許也就能找到，並且保護九一一那天遭到摧殘的，存在他內心的那個孩子。

技術士低頭抹著淚水，接著開始談起當天他也在這裡。「妳絕對無法想像那種狀況，人面臨的艱難抉擇，那種驚恐。有個朋友告訴我，當時他和他的工作夥伴剛抬著一個女人走下好幾層樓梯。她已經陷入昏迷，看來早就斷氣了。他們才剛走出大樓，它就開始倒下來了。妳可知道他們怎麼做？」他問，來回搜索著我的眼睛。「他們把她放下，開始沒命地跑。他們非把她留下不可，因為他們只有幾秒鐘時間。要是繼續抬著她，他們肯定全部沒命。可憐的女人。到現在我朋友還難過得要命，他老是想起她。可是，要知道，他有四個孩子，他不得不做個抉擇。但他良心上過不去。為什麼老天要逼人做這種決定呢？」

「沒人知道在那種情況下自己會怎麼做，」我輕聲說，「除非自己遇上了，而且誰都沒有資格批判別人在那種生死關頭可能會做的事。」

「妳知道讓我最難受的是什麼嗎？粉塵。從鋪天蓋地的粉塵中走過，我們很清楚我們也從人的骨灰中走過。我身上蓋滿了，蓋滿了別人的骨灰。」

技術士哭了起來。他垂下頭，一手捂著臉，將淚水嘩啦嘩啦倒入看來像是匯集了集體傷痛的無底巨杯的掌心。「對不起。」他說，揉著眼睛。「這是我事發到現在第一次哭。我沒事的。」憂傷壓在他壯碩的肩上。他會忍住……可是他真的會沒事嗎？我們當中有誰會真的沒事？儘管機會不大，但他的某些特質讓我仍然對他抱有希望——他的勇氣，他的正直，他那溫柔的憂傷。我為他的小兒子和女兒默念了一段感恩詞，然後為他內心的赤子——他暫時遺失了的那個部分——祈禱。

當然，我們決定到這兒來都是因為熱切地想要盡點力。但要是有恐怖的影像縈繞不去呢？要是必須做出沒有回頭路的抉擇呢？站在技術士身邊，我將手放在他肩頭。我感覺得到天使翅膀在他夾克底下翩然鼓動。他可知道它們的存在？他可曾想到，他穿著行走的鞋子是上帝的鞋？**繼續說吧，**我心想。**繼續訴說你的故事，一直說到你的負荷消失，一直說到那些骨灰成了雪花落下，有如寬恕，一片片，在獨一無二的完美裡，消融於無形。**

等我轉進我家那條街、把車開進車道時，冬陽已漸漸上升。成排的房舍看來已經不再像嬰兒床，它們是將我們緊緊托住、讓我們不至於散落到冰凍草地上的骨架。我需要再度回到自己的家，回到自己的身體，回到我自己的人生。我好想，但不知怎地有些猶豫。我知道自己既疲倦又亢奮，不斷想著我似乎遺忘了什麼。也許是我的一部分，而我必須把它召喚回來。也許我想太多了。

我打開門，屋內一片寂靜。我們的鬥牛犬賽奇正肚子朝上，呼嚕呼嚕睡得香甜。我走進來時，牠連動都沒動一下。好個盡責的看門犬。拆開的聖誕禮物散置在地板上，感覺似乎也正沉沉睡著。只有那棵樹——張開綠色臂膀，渾身松香——仍然醒著向我道早安。我輕手輕腳走上樓梯，進了女兒的房間。我在她身邊躺下，將鼻子湊近她的臉頰。她身上有種熱麵包的味道。「媽咪，妳回來了！」她睡眼矇矓地說，身體偎了過來。

「是啊，親愛的，我回家了。」我悄聲說：「我回家了。」

我閉上眼睛，將這晚的種種一切用簾子隔開。在簾子的那側，市中心的機具仍然隆隆運轉，精神抖擻的工人來接手疲憊同事的班。我無法答應女兒這是我最後一次輪值。新年快到了，還有太多工作要做。我不必再去，我隨時可以說不。可是我把自己的一些碎片留在了世貿災變現場，這會兒帶著別人的碎片。除非整個工作完成，我怎麼也無法把自己完整拼湊起來，而且也不知道該如何處置這些別人的殘片。我選擇了一幅圖案細緻繁複、部件纖弱的馬賽克拼圖。縱使最終的構圖還不明晰，我知道所有的碎片都在那裡。同樣的光從藍色、白色的碎片折射出來，無論是光滑或粗糙。它照亮空白的部分，填補了空隙，直到下一個碎片被發現為止。目前，我正站在大片深達膝蓋的彩色玻璃碎片中。也許，總有一天我可以退後一步欣賞。而我期待看見的是一股更加深化、而非裂解的信心，不管是對於人性、上帝，或者我所做的抉擇。

致謝

向我信賴的經紀人兼好友辛西亞・曼森致上無上謝忱。認識妳始終是我這輩子的極大福分。同時我也衷心感謝艾咪・霍斯福以及她在泉瀑出版公司（Waterfall Press）的出色團隊：雪莉・查黑柯夫斯基和安德魯・潘托哈。感謝版權編輯梅瑞迪絲・坦南和封面設計瓊・王。特別要感謝編輯凱特琳・亞歷山卓，妳的犀利眼光和細察入微不斷敦促我成為更好的作者。

感謝我的母親，在我那親愛的爸爸離去後仍然鼓起勇氣活下去；感謝我雙親給予我的童年還有他們啟發的信仰。感謝我的家人：謝謝你們的支持、鼓舞，以及你們帶給我的源源不斷的喜悅。你們是我心上的寶。

聯經文庫
讓光照亮你的心

2018年6月初版
有著作權・翻印必究
Printed in Taiwan.

定價：新臺幣280元

著　　者 Andrea Raynor
譯　　者 王瑞徽
叢書編輯 張彤華
特約編輯 胡蕙萓
校　　對 孫德齡
內文排版 黃子芳
封面設計 謝佳穎
編輯主任 陳逸華

出版者 聯經出版事業股份有限公司
地址 新北市汐止區大同路一段369號1樓
編輯部地址 新北市汐止區大同路一段369號1樓
叢書編輯電話 (02)86925588轉5306
台北聯經書房 台北市新生南路三段94號
電話 (02)23620308
台中分公司 台中市北區崇德路一段198號
暨門市電話 (04)22312023
台中電子信箱 e-mail：linking2@ms42.hinet.net
郵政劃撥帳戶第0100559-3號
郵撥電話 (02)23620308
印刷者 文聯彩色製版印刷有限公司
總經銷 聯合發行股份有限公司
發行所 新北市新店區寶橋路235巷6弄6號2樓
電話 (02)29178022
行政院新聞局出版事業登記證局版臺業字第0130號

總編輯 胡金倫
總經理 陳芝宇
社長 羅國俊
發行人 林載爵

本書如有缺頁，破損，倒裝請寄回台北聯經書房更換。 ISBN 978-957-08-5128-1 (平裝)
聯經網址：www.linkingbooks.com.tw
電子信箱：linking@udngroup.com

國家圖書館出版品預行編目資料

讓光照亮你的心/Andrea Raynor著．王瑞徽譯．初版．
新北市．聯經．2018年6月（民107年）．240面．14.8×21公分
（聯經文庫）
譯自：A light on the corner: discovering the sacred in the everyday
ISBN 978-957-08-5128-1（平裝）

1.基督徒 2.信仰

244.9　　　107007738